大夏书系·教育随笔

窦桂梅/著

玫瑰与教育

华东师范大学出版社
EAST CHINA NORMAL UNIVERSITY PRESS

目 录

CONTENTS

自序·我在成长,我在写

第一次"发表"文字,是1986年,在吉林师范学校的宣传板报上。《天安门前的情思》,说出了一群"中师生"北京之行的心声——"语言单纯,感情真挚",是同学们的评价。

当了老师之后,不再有工夫将心声写成文字,必须写的是一脸严肃的"教育论文"。

8年前,省里要给我们几个教改典型出书,急急忙忙中,开始拼凑,把曾经写下的所谓教育文章聚拢在一起,算是个人的第一本专著。好在我还有一点清醒,并没有把这块"砖头"当作炫耀的资本,否则,别人再向我提及这本书,我恐怕是会脸红的。

就写作来说,我的最大苦恼是"上气不接下气",上段、上句的意思没有交代清楚,下句、下段的意思就突然冒出来了。究其原因,可能是自己的思维属于跳跃型而非逻辑型，脑瓜的反应比写出的快——这就造成内在语言的产生与文字书写的速度不成比例。思维跳跃、句子不连贯也就成了我的"特色"。更要命的是我总是迫不及待地写，却没有养成写完之后重读、修改的习惯。

再有，没有经过学院派的写作训练，也不懂引用的话必须注明出处。有些理论是化用专家的，只不过根据自己的理解添加了例子；阅读时还喜欢断章取义，不求甚解——往往不自觉地把别人的一些话，当成了自己文章中或者发言时候的内容。那时，我不认为这样做是不对的。因此我的品行更加"恶劣"起来，就像王小波在《我为什么写作》中说的那样，"这是我这一代人的品行"。

现在，经常担任论文评委。每当阅读到跟我过去一样，高谈阔论，"拿来"一套套这个"主体"、那个"合作"的理论阐释自己"观点"的文章时，我就会忍俊不禁。当然，这是某种不科学的制度使然——评职称、申报学科带头人都需要这样的论文。"楚王好细腰，宫中多饿死"——老师也是没有办法的啊。

当我开始真正进行写作的时候，却发现自己的文字是那么笨拙。有时心里的感受很强烈，可倾吐出来的文字却很"蹩脚"；有时甚至会有一种羞耻感，产生永远与笔告别的念头。好在我这个人没长"记性"，过不了多久，又在那儿将文字当成车马炮，调兵遣将，操练起来。

学会上网后，便以"玫瑰"为名发帖练笔。刚开始，不知道网上的文章还需要在下面先打底，我的文字都是随敲随发，直到后来经网友批评和提醒，我才明白：网上的文字也如同书中的文字，一样是你的脸。

当网上、网下练笔养成了习惯，像吃饭一样每天必不可少的时候，我才蓦然发现这几年已经有了不小的长进。这才明白，练笔就好比开花，没有一定的时间和力量，是不可能让一瓣一瓣的花朵展开自己的面容的，以为刚一动笔就能一鸣惊人，那或者是天才，或者只是妄想罢了。后来读到鲁迅称自己的文字是"硬写"出来的，心里这才颇感安慰：即使是天才，也需要漫长的、艰苦的修炼。

现在，我对文字的态度变得越来越严肃。当然，我们不是文学家，不必有"吟安一个字，拈断数茎须"的苛刻，但至少也得做到像朱光潜先生说的那样："练习写作有一个最重要的原则必须牢记在心，就是有话必说，无话不说，心口如一。"

我还发现，有时候写作也是最深刻的对话，感觉写作的过程就好像是和一个最信赖的朋友谈天，仿佛超越了时间与性别，超越了周围物质的世界，也超越了肉体的自我。

心情不快时，我更是"信马由缰"，每次迅疾的书写都是一次很好的"排毒"，是一次心灵的美容，仿佛散文作家费尔南多·佩索阿说的感觉：写作就是为了忘却，忘却心灵的疲劳，忘却生活的疼痛……

我总是对自己说：把话写得干净些、响亮些，有时候要斩钉截铁，有时候要委婉蜿蜒。要追求文章的琅琅上口，要能够在大庭广众中大声诵读，能让读者不仅听见声音，而且还能看得见作者的笑貌——它虽然是为自己而写，但却不拒绝朋友，它的每一句话，都应努力给读者亲切、可感、有味的感觉。

渐渐地，我的文字烙上了我的性格，它们带着我的气息。写作成了我生命本身的血与肉，成了和说话一样自然的"连体儿"，甚至可以说，我已经"自然而然"地"用笔说话"，笔或者键盘，成了我的口，直接与心灵相通。

就这样，一步步向前，孜孜不倦，到现在，好像达到了意到笔随的程度。我还经常自我解嘲——不要按照作家的水平要求自己，你就是你自己的话语代言人，谁也取代不了你的独特表达，重要的是写出自己，而不是让别人来鉴赏或者批评。"大匠能诲人以规矩，不能使人巧。"——重要的是心灵的妙运。至于是否达到"神而明之，存乎其人"的境界，我想说，不宜苛求，一切随缘。重要的是：我在成长，我在写，我的写作印刻着我的成长。

经常有年轻朋友问我，你怎么有那么多话可写？从哪里获得写作的源泉？除了把上面所说的感悟告诉他们外，我还强调要立足课堂——读有字的书，也读无字的书，即

"课堂小天地，天地大课堂"。并且随时随地记录自己的心得。也许有的老师会说，谁都懂得读书的理儿，可没有时间，或者说已经太晚了。古人说得好——"少而好学，如日出之阳；壮而好学，如日中之光；老而好学，如秉烛之明。"即使真是到了迟暮之年，秉烛而行也比"昧行"要好。

所以，立足当下，着眼一生，无论如何也要"挤"时间阅读，并用笔促进自己的思考——这是促使自己成长的科学途径。正是如此想，所以虽然自己的文笔没有修炼到可令读者含英咀华的程度，但我却经常摆出一副姿态告诫更年轻的朋友——要坚持用文字记录自己的教育生活，让忙碌的自己不断与宁静的自我进行对话，让冲动的自己不断接受理智的自我批判，让实践的自己不断接受理论的自我省察。这样的写作，已不仅是记录生活、积累经验的一种方式，它更是逼迫自己坚持实践、勤于阅读、深入思考的强劲动力，是一种让我们反思着的存在。

我经常激励自己——生命的能量释放就好比开花，意志是根。当你的学习毅力足够强的时候，你的写作不仅是"一枝先报春消息"，还会创造出"万紫千红次第开"的欣欣景象。反之，你将走向萎缩、枯槁，甚至死亡。

写到这儿，禁不住走出来褒扬自己一番——毕竟不是所有的人，尤其是中年女性，在年近不惑的时候都可以找到成长的快乐的。

写作，记录着我教育生命一次次花开的轨迹。

于是，结集在这本书中的，都是我取名"玫瑰"之后，有关我和教育的故事。有了这些记录，也便追求"赠人玫瑰，手有余香"。虽只有8个字，但以此命名的一首歌的歌词正表达了我的热望：

不要让忧伤在心底躲藏，

让我来替你担当。

不要让烦恼在心底躲藏，

让我将爱心化作光芒帮你把道路照亮。

那是我温暖的目光，

那是我慷慨的解囊，

那是我的真情在流淌，

愿你把所有的艰难都遗忘。

请收下吧，我送你的玫瑰，

让你的生活充满希望。

请收下吧，我送你的玫瑰，

让我的双手留有余香。

第一辑

清谈与忧患

1 小红花的背后

这是一年级的汉语拼音课。

迈进学校还不到 1 个月，孩子们的脸上写满天真与快乐。看到我们坐在后面，一个个仰起笑脸向我们问好。

教学内容是"b、p、m、f"四个声母。刚开始，就明显感觉张老师总是叫前面的几个同学——因为那高高举起的小手，总在老师眼前晃动。可是，如果整堂课 40 分钟，就这样一直只叫前面的学生，后面的大部分学生就有可能一次发言的机会都没有。

我开始担心，一节课这样、一天这样、一星期这样，长此下去，那些被忽视的学生，自然也就失去了表达的机会。长此以往，麻木的将不仅是他们的表情，更可能是学习兴趣的那根弦。

于是联想到自己的课堂教学——我不也是看哪个同学在我眼前举手欢就叫哪个同学吗？

正在这时，忽然看到老师拿出一朵小红花给了一个男孩——我不也经常这样做吗？

当年，为了让学生中午吃饭吃得快、吃得饱，我曾经规定吃饭快而且吃得干净的前十名同学得红花。孩子们便为了那朵小红花，狼吞虎咽起来——幸亏我发现及时，具体提出吃饭要求。但，学生吃饭是"正常"了，可小红花却一直发着……

真可谓"旁观者清，当局者迷"啊。今天，我才发现了小红花背后藏着的危机。

这堂课上，老师给那些积极发言的同学，或者是发言精彩的同学奖励小红花。可以说，整堂课，小红花的发放成了激励学生学习的主旋律。只见，学生为了小红花争先恐后地"争夺"着。

得主的眼里流露出自豪得意的神色，手里拿着小红花左看右看爱不释手，而接下去的学习早已被抛到九霄云外。那些没有得到小红花的孩子呢？他们的表情告诉我——他们心中还有希望，但这希望被寄托在了下一堂课。可是，如果下节课还是没有得到小红花，再下一节课仍然没有得到小红花呢？久而久之，孩子没有得到红花，而得到的又是什么呢？

那些总是得到小红花的学生，在一次次得到小红花的结果中，最终沉淀在他们心中的，会是老师所期待的那种健康的自信吗？在他们的潜意识中，学习是否仅仅成了得到小红花、得到老师的表扬的途径？想想，有些课堂，老师动不动就在孩子的脸上贴一个小星星，动不动就"你真聪明！"、"你真棒！"、"你回答得很好！"、"掌声响起！"——这种"原始"激励的后果是什么呢？

这样廉价的赞扬，在我的课堂上，不也是屡见不鲜、屡闻不鲜吗？自己以及别人的课堂，毫无节制、随随便便地塞给学生泛化的、拔高的"评价"。这评价最终飘起来的、鼓起来的，是学生自我膨胀的、骄傲的、不能正确认识自我的心！

快下课了，老师统计有多少同学得到小红花，结果 40 位学生中，有 12 位两手空空。虽然统计的目的是让这些学生读读红花上的声母，但这 12 位学生岂止根本没有心思读同桌获得的红花上的声母——他们脸上复杂的表情可想而知。

坐在我旁边的柏杉同学，在整堂课上都积极举手、希望得到发言的机会，遗憾的是，由于她坐在最后一排，老师看不见，所以就没有得到小红花。记得在讲怎样记住声母的时候，有个学生结合图画，说"m"就像两个小门的时候，老师夸他会利用图画记忆这个声母，于是就送他一朵红花——其实，我身边的这个小女孩在下面也是这样自言自语的，只是没有机会站起来当着大家的面回答。

课结束了。我在这个女孩的本子上写了一句比较"俗"的话：你也是最棒的！她不认识"棒"，当我把这句话读给她的时候，她咧开嘴，笑了。有意思的是，临走的时候，她塞给我一沓山楂片。我说什么也不要，可她硬是把它们按在我手里。

在走廊里，有两个没有得到小红花的孩子在向老师索要……我走到近前，只听其中一个说："老师，你给我一朵呗。""那能行吗？你要在课堂上努力！"孩子在课堂上没有努力吗？孩子刚上学，可能还不知道"羞耻心"是怎么回事。我敢说，一年之后，这俩孩子绝对不会这样厚脸皮地索要红花了。但到那时，老师又将以什么样的方式来激发孩子的学习兴趣呢？

这样的"演出"不断被重复——前几天，我作为海淀区中心学区"创新杯"教学大赛的评委，又听了 28 节课。课上依然存在着这种"奖励"。当然，大多教师采用语言激励，可仍然有掌声不断响起的"噪音"干扰，仍然可以看到教师到学生面前送、或者学生到讲台前拿小红花时来回走动的"忙碌"。其中，有一位英语教师讲"交通工具"。只见该教师的黑色毛衣上布满了"人行道"、"汽车"、"红绿灯"、"指示牌"。我们当时非常惊奇于这位老师的上衣，没想到，老师在讲课的过程中，看哪个同学表现好就将"道具"从身上取下来送给该同学，最后老师后背上的一辆"小汽车"，是同学们上前帮忙拿下来奖励给一名学生的。至此，黑毛衣才消停下来……

如果说，以前看到自己或别的老师这样做，没有深入思考，总以为用这样的方法也是为了激励学生。那么，现在，当我静静看着这"热闹"的场面时，我难过了。

热闹的背后是什么呢？学生在哪里？

对学生奖励的原则是什么呢？通常，我们把奖品送给胜利者，送给我们看来突出的学生，这看来没有什么问题，且这个原则在成年人的世界里是行得通的，但孩子毕竟不是成年人，课堂学习更不是竞技比赛，没有谁是失败者，每一个学生都是需要鼓励和抚慰的。而且，那些通常在老师眼里不积极的学生更应该得到鼓励，因为我们面对的是一个个期待我们用温暖、公正的心去鼓励的孩子。我们没有权利用成人世界的胜败、积极或不积极之类的原则去约束他们和评价他们，相反，我们要做的是激起每一个孩子对学习和未来的热情，激起他们对荣誉的尊重。

因而，如果我们的形形色色的小红花在鼓励甚至骄纵了一部分学生的同时，伤害了另外一些无辜的学生，那我们的动机虽然美好，但效果也是可疑的。我们肯定会说，尊重学生是教师从事教育教学的第一原则。我们写文章时总是强调：学生有受人尊重的权利。但是，我们对学生往往缺乏真正的尊重和关怀——许多班级的墙壁上，一串串小红花、一排排小红旗，对于那些榜上有名的孩子来说是荣耀的记录，可是对于表格空白的学生来说，则恰恰是他们难看的记录。当"六一"儿童节表彰一些孩子的时候，它无疑也是另一些孩子的耻辱日。

很多时候，看起来有利的做法，却在无形当中把对学生的伤害从皮肤深入到心脏。我们有太多太多的没想到：没想到一个漫不经心的表扬，会对一些孩子幼小心灵造成伤害；没想到一朵奖励的红花，会让一些孩子蒙上难以磨灭的阴影；没想到一次不公正的评比，会在一些学生心中种下刻骨铭心的痛苦。

因此，不要仅仅以竞技的原则发放小红花，或者说不可将竞技的奖惩原则过早地引入到小学生的学习中去。小红花固然可以是对优秀者的奖励，同时也该是对那些暂时落后或者不积极学生的鼓舞。更深入地说，我们面对的是一个个等待滋润的孩子，每一个灵魂无论其智力高下，都应得到尊重、得到温暖的照耀，从而让每一个孩子的心中都生长出鲜艳的花朵而不是阴暗角落里的毒蘑菇。

孩子的心是透明而脆弱的，"小心轻放"孩子的心——这是为人师的底线。

2 叹息，不敢让孩子听见

女儿读初中的 3 年里，因为家长会，我到过中学 4 次。

第一次家长会给我很大的刺激。尚未开始，年级组长便冲上前来，宣布考试成绩，把全年级学生的分数按照分数段进行档次划分，让学生家长对号入座，找到自己孩子的成绩范围。更要命的是，老师的态度十分明朗：学生到了初中，小学时那些模糊的"优秀"统统不好使，要看的就是你的学习成绩，至于其他，无所谓。好在我女儿的成绩还算可以，这脸面上还能过得去。

第二次要开会了，首先想到的就是女儿的成绩排名，以及在班级、年级乃至在海淀区的位置。就这样，坐在女儿的位置上，心都提着——甚至不敢看摆在眼前的成绩排名表。

临近中考了，又开家长会，这一次更是非同寻常。校领导把当年海淀区考试人数，以及本校学生在海淀区所在的位置加以说明后，五个学科的教研组长分别就自己学科的进度以及对家长配合的要求进行了分析。

数学老师先介绍区里的出题范围，然后强调每周一次的"统练"每天至少要做一张卷子，而且练习册也要做，还要准备一个本子记下"方程不等式"、"综合题型"等，并要求学生经常翻阅这个小本子。

语文呢，每天也是一张卷子，还要背诵、默写近年来学习的文章以及段落，争取每天独立翻译一段文言文、做一道阅读题。当然，每周必须写一篇作文，同时阅读下发的"范文"，仿写并写出点评……

英语老师是个年轻人，他从听力讲起，要求每天听英语单词和文章；每天背诵巩固下发的一本英语单词和句型集中的内容；每天阅读一篇英语文章；每周仿写一篇作文；有能力的家长争取和学生进行英语对话——因为毕业考试有口试一项；最后，老师要求孩子要每天浸泡 24 小时"英语"——话音刚落，家长们都笑了。

接着是化学老师，她说，英语要浸泡 24 小时，那她的化学每天浸泡半小时就可以了。于是，这个老师又提出了"原子结构"、"酸碱盐"的复习范围以及注意事项。

最后是物理。老师也从"力学"、"光学"、"图像"等方面进行了详细地复习规划……

下午 3 点，年级会议结束，班级会议开始，班主任老师以及相关学科的老师又开始"轮番轰炸"，直到晚上六点半。

头开始发胀，倒不是因为时间长了——想想上面的复习内容和要求，这个学科要求浸泡，那个学科要求浸泡，一个十几岁的孩子，如此生命之重怎么堪负？

每一次家长会回来，必须一脸轻松——为了给女儿看。她每次都会观察我的表情，之后再轻松地和我说话，之后再吃晚饭，之后全家人就坐在一起召开家庭会议。

首先由我作"报告"，其实就是根据家长会的内容，结合孩子的情况进行一次特别的疏导。她呢，静听我的"教导"，然后发表意见。当然孩子的爸爸也会适当进行点拨。最后由我作总结性发言。也许读者觉得我过于严肃，好像"学校行为"。不过，会后女儿有两次流着眼泪走进自己的书房。我知道，那是因为我的理解和鼓励令她感动。

就是觉得孩子太苦了，担心她的承受力。她是个要强的孩子，语文和英语的单科成绩在班级总是在前十名，可我不希望我的孩子成为第一，我不希望我的孩子成为全校顶尖的前十名学生，我的孩子尽力了就行了。

和别的同学一样，每天她都要学习到很晚，基本是十一点半才睡。当然，这也因为她磨蹭，这里有她学习效率的问题。不过，最重要的还是作业太多。每晚她都要完成五科作业——数学、语文、英语、化学、物理。尤其是语文、英语、数学还各有一张卷子，有时候甚至一个学科好几张。她告诉我，住校的学生有些每晚学到两点。

深夜，看到她房间的灯还在亮着，我总会走到她面前逼她马上就寝。如果没有完成作业，明天就跟老师说自己太累了，甚至我还给老师写条，为孩子没有完成作业开脱。我女儿倒是很有办法。她说，白天的政治课及其他中考不考的学科的课堂上，她可以和同学们大睡一场。每每老师还会吆喝一句："醒醒，过站了！"大多数同学都会利用这个时段休息，老师呢，也没有办法——好"聪明"的学生。

北京台播出的宋丹丹演的百集系列剧，每晚她都能看上一集，不时哈哈大笑几声。睡前总是看几页摆放在床头的自己喜欢的书——这让我感到欣慰。

这不，她告诉了我一件事情：她们班的一名男同学从家里拿了

6000 元钱，离家出走已经两个星期了，学校和家长都报了警……我的心立刻揪了起来。

"因为他学习不好……"女儿叹道。

几天之后，女儿告诉我，那个男同学已经回来了，他自己到黄山"旅游"了一趟……再问细情，孩子说不知道。老师不让同学们议论此事。

前几天在万泉小学听《荷花》一课。课尾，老师让学生表达对荷花的赞美，没想到一个男孩站起来说："我多想成为一朵荷花，这样我就不用天天写作业啦。"教师让孩子表达对荷花的喜爱，我们三年级的小孩子却羡慕荷花可以穿着雪白的衣裳，亭亭玉立地"舒展"。可见学生的压力已经大到什么地步。

"女儿啊，要挺住，再有 3 年的高中，你就可以轻松了。"

"嗯。"

我们彼此都知道，这是真正的"漫应"——这一代孩子，当童年、少年、青年过得如此沉重的时候，他们还有可能拥有真正舒展的人生吗？

长达 4 年，清华大学美院陈丹青教授无法招到一名硕士生。他说："现行人文艺术教育体制虽然便于管理，但与'人'、与'文化'处处发生尖锐深刻的冲突。我不相信现行考试制度，不相信教学大纲，不相信目前的排课方式，不相信学生的品质能以'课时'与'学分'计算，但我不得不服从规定。今天的学生是考试的连体儿，既想挣脱对方，又必须与对方同呼吸。一方面接受教育的惟一途径是上大学，一方面几乎听不到他们对教育的感激之情……"

叹息，不敢让孩子听见。

3 | 有梦总是好的

家长会上，坐在女儿的课桌前，自然要观察一番。桌肚里面满是资料，除了各科练习册，还有《活学巧练》、《全国初中物理知识竞赛辅导》、《奥赛金牌解题库》、《中考特色压轴题》、《中考英语专项练习》、《中考语文题解》、《学生成长手册》……

再看教室，黑板报上贴着各科成绩优秀人员名单，除此之外，四面的墙壁空空如也；环境不够干净，投影仪、大屏幕已经不再年轻，而且灰头土脸；图书角呢？影儿都没有。

这不是读书的学校，这是只做题的学校。

回家说起这事，孩子还加了一句："老师坚决不让带课外书到学校来看。班级也不准有课外书——怕我们分心。"

和我当年相比，如今的孩子拥有了优越的阅读条件，就拿我们学校来说：第一，家长是大学教师；第二，学校提供的读书条件是一流的。自从参加朱永新主持的"书香校园"课题，学生的读书热情越来越高。而令人担心的是，这些孩子一旦进入中学，将失去阅读的机会。"童子功"半途而废——多么可惜。

难道是应试的压力，让我们的教育变得"务实"起来？多做卷子，就可以多"逮"分，这样就可以考上一个好初中、好高中、好大学，将来找到一个好工作——太多的家长这样想，太多的教师这样说。

家长会上，数学老师批评学生一个个木呆呆的，不会审题，数学太差——我想，根子未必就在数学，更大的可能是他们不具备应有的阅读能力。

此外，学生们可能因为阅读的缺乏而失去更多的东西。

一个不曾拥有良好的阅读习惯的孩子，一个极少接触优秀文学作品的孩子，他的情感世界将是枯涩无味的，他的精神世界也将是极其荒芜和可怕的。看到《南方周末》记者张英采访著名画家陈丹青时的对话，心里又沉了一节。对当今的学子，陈丹青评价道："每年我留心当今大学'新鲜人'，他们好学，但是茫然；可爱，但缺礼数；清纯，但和我这一代一样熟谙人前一套，人后一套，考试一套，生活又是一套……"

《中国教育报》的"读书周刊"中"报眼态度"议论道：有些孩子视安徒生童话为"幼稚"、"不现实"的读物，这既与他们没有获得真实的安徒生童话阅读经验有关，更与中国文学传统里对童话乃至儿童文学的轻视有关。在日渐远离童话精神的时代背景下，对安徒生童话的阅读具有"拯救"我们"内心的纯洁"之意义。

我们的孩子，自小就丢失了对崇高事物的敬仰和追求，对人生美好的幸福追求，被急功近利的短期目标追击着。

至于我的女儿，同学和老师都说她开朗、天真。也是由于我们对读书的重视，所以在沉重的应试压力之下，女儿读书的兴趣还顽强地保持着。为读课外书，她真的发扬了钉子精神——村上春树的

《海边的卡夫卡》、《小毛驴与我》也要好长时间才能从床头送回书架。

"我厌学，但我不烦读书，考试要是考课外读书该多好啊……"

"是啊，考试就考你们的课外读书该多好啊！"

"以后，也许就会这样吧。"女儿满怀向往地说。

我知道在中国，这可能是一个永远不能实现的梦。但是，有梦总是好的，这至少说明，女儿还没有如她的教师所希望的那样成熟起来、现实起来——也就是说，她的精神世界还没有完全被社会化、制度化。

尽管如此，面临中考的女儿，仍是每晚熬夜，我也是夜夜无眠——女儿啊，要挺住，再有 3 年的高中，你就可以轻松了，我说。

"我的未来不是梦"，有人这样唱着，期待着自己的未来。然而，女儿的未来真的如歌中唱的那么轻松吗?

4 | 做一个有专业尊严的教师

　　学校针对教师不同学科的特点，进行了一次特殊的答卷活动。基本上涵盖三块内容：教育学领域、学科知识领域及教学技能。比如语文卷，从学科的角度，测查了教师的文学常识以及阅读含量；从教育学的角度，测查了一些语文教育家的理念、学校办学理念等；从教学角度，测查了教师备课、批改、分析、评价等几个方面的能力。阅后笔者感到成绩并不理想。事后，教师们就此活动，纷纷发表自己的看法。大家一致感到自身需要提高的太多，并要求学校创造更多条件，因此有了这篇小文。

教师的专业，如何真正发展？在我看来，最重要的是"找到自己"，即教师要拥有自己的专业尊严。

如何拥有专业尊严？我的理解是：

1. 专业自信

教师专业与一般职业相比，所提供的是一种特有的、具有公共情怀的服务。教师是否具备这样的专业底气，是提供良好的教育的前提。

怎么办？提高自身。我们动不动说可以通过读书、上网、写随笔等渠道让自己走向"专业化"。通过这些途径，我们究竟要在自己身上沉淀些什么？

通常情况下，教师的专业知识结构由三块组成——掌握教育学，要有宽泛的人文视野，还要有一定的学科专业知识。为此，作为个体的你，必须知道什么是教师该做的，什么是教师绝对不该做的；你应该集中精力弥补什么，集中精力改变什么。也许，这样才能获得一个教师，或者说是"富有使命感的知识分子"的精神气质，从而在更高层次上实现教师专业服务的理想。

具备了这样的专业素养，教师才能在学校的大氛围内，对于自己的行为与判断负起责任，以高质量的服务获得报酬，并把服务置于个人利益之上。这是一种境界。就目前看，无论我们是否达到如此境界，首先，教师作为一个"有学养的专业人士"，其主动服务的意识是必须要有的。

前几天，读了王珏老师的一段文字，读后很受启发——不可否认，通过学历教育、讲座式培训、公开课磨砺、科研训练，教师能够获得长足的专业成长，甚至可以被送上成功的"快车道"——先是上公开课"一炮走红"，然后被重点培养，最后"教而优则仕"。但，这条显然有点狭窄的成长道路，只给了小部分教师，这就可能使大多数教师失去肯定自我的机会。有可能，这样的成长方式所带来的做秀技术、科研时尚、学历主义、官本位等，会"异化"教师们。

作为体制内，基本以这样的套路被培养起来的我——的确有被"异化"或"自我"遮蔽之可能。当然，这样培养教师，可能是一种普遍的，基本的"范式"。因为，我们大多教师需要这些过程——循序渐进，一点一滴地"长"起来。也许，这一教师专业培养路径的确有其"不可否认"的合理性，只是要提醒大家注意的是，千万别"异化"，别"他我"。

其实，教师专业化培养的最好途径是"内生型"，内生型强调教师内在专业精神的生长，鼓励教师自我剖析、自我澄明，建构积极的专业自信。不过，这种"内生型"的底气的确需要教师自觉、自主的学习力，以及个人积极向上的执著力等。

2. 专业"自能"

教师作为专门职业，必须拥有自己独特的教学技能体系。有些教研员或专家不一定都是外行，他们对专业内的事物有所了解，但，真正了解你那"一亩三分地"的还是你自己，就像自己生了小宝宝才能很自然地谈母爱一样。那些没有生宝宝的，没有体验，只有间接经验的，也许就会陷入空谈和泛化。所以，只有教师自己能对自我专业发展说了算。

如何树立教师课堂的专业自能？一句话，研究教学；除此别无他路。课堂功夫，并不是读书功夫，这就好比"阅读"和"阅读教学"是两回事一样。因此，只要做教师，任何时候，都要把通过学习获得的能量转化为课堂智慧。

综观今天教师专业成长，我们需要反思的是：自己有没有被功利的课题研究和论文所钳制？你是否注重扎根于实践，滋养于读书，用自己的头脑思考，用自己的语言表达自己的思想？你是否有了关于教科书以外的见解，并能体现驾驭课堂的独特魅力？……这些，才是你的教育"实践性知识"的建构——这才是教师专业成长的核心，也是教师专业自我成熟的标志。

由此，我们的研究才不同于学者的研究，才是一种于实践中反省的智慧。这种智慧的生成，需要理论思维的支持，但不需要在学术话语面前，轻易地自卑或"他夸"。

就笔者来说，正是知道自己缺乏"自我"，当然不是没有"自我"，我才追随那些心中的大师。我发现，他们的"自我"是来自于根部的"底气"。我以前不好好读书、思考、实践，听了这个发言，看到那个招术，就跟着"照猫画虎"，学些技巧和做法。当然这不是绝对错误，不过，当下我们最紧要的是什么？那些让我敬重的大师们，给我触动最大的是——我要更加刻苦地读书＋实践＋反思。梁实秋说："读书永远不恨其晚，即使晚了，也比不读强。"套用他的话，我要说："读书、实践、思考，永远不恨其晚，即使晚了，也比不做强。"现在，我开始提醒自己，要有"惟我独尊"的课堂自主意识。渐渐地，自感个人的课堂越来越具有属于自己独特风格的专业特色。

3. 专业自我

"专业自我"指教师独立的思想和人格。考查这一项很简单，仅凭学生对你的喜欢程度就能判别。

具有高超的专业素养的教师，对自己的课堂，是能够作明智的判断与抉择的。对于所担负的事物，通常都能全权处理，避免外人的参与甚至干预。

在现实中，由于我们的教育教学受到了太多的外来干预。比如，教研部门"让我怎么教，我就怎么教"；上级部门"让我们干什么就干什么"；"权威说什么就是什么"；"社会上流行什么就紧跟什么"——这些已严重影响了教师专业自我决断的权力。

为什么你会"跟着风跑"？为什么你会"不知所措"？为什么你会"惟他独尊"？一句话，为什么你会"找不着北"？面对这些，我们须要反观自己，而不是一味发牢骚。因为，改变不了现实可以改变自己。改变自己就是要让自己有独特的思想和独立的人格。惟此，你才会变得平和、平静。

现在，我越来越认识到，只有教师自己的主观意识才能决定对教学效果的影响。我成长到今天，可以说是领导"塑造"的结果。而今，作为教学干部的我，指导年轻教师的课堂，往往也是一点一点地"喂"给他们。要知道，他们的专业自我被我给"自我"了；他们在课堂上的演绎，成了我的"替身"。如此下去，怎能真正培养他们的专业尊严？强硬的被动"接受"，也许你会说，长了就适应了。或者说，"规矩"后便"方圆"了——但，这样的培养模式的确需要深入反思。

只有从内心深处实现高"自我"的教师，才会以积极的方式看待自己，才能够准确地、现实地领悟自己的水平和境界，才能对从事的专业具有自我满足感、自我信赖感、自我价值感，从而表现出对专业当仁不让的意识和信心——而这些，无疑会给学生带来更为积极有益的，甚至是一生的影响。所以，这样的教师，我想，不用担心校长、家长、同事的"说三道四"，他（她）有理由相信自己为学生提供了最上乘的教学服务。

每一个教师专业自我的发展过程，就是实现一个知识分子真正专业尊严的过程。只有如此，才会给自己从教的领域，甚至中国的教育带来真正的、崭新的希望。

每一个人，都是自己独特的存在。但，共同的是，无论如何要让自己"站立"起来——这是教师专业的真正灵魂。没有专业自我，很难有教师的专业成长。教师专业自主权的获得，虽然可以通过行政或专家的赋权来得到，但更重要的是靠教师自己的实力来争取。当然，每个人的差异决定了每个人成长的快慢不同。有的教师可以先从外部再到内部深化专业；有的内部深化需要外部给予机遇和空间。不管怎么成长，这可能也要根据自己的"发育"情况而定。最好是内外兼蓄。如果来不及的话，那就要结合实际，量身订做，怎么让自己提高最好最快才是最重要的。总之，要想办法，能"站立"多少就"站立"多少。

下面，我们不妨进行一下自我画像：

（1）专业描述："我是一个怎样的教师"；

（2）专业动机：从事教师职业的动机是什么；

（3）专业心态：对自身工作境况的满意程度怎样；

（4）专业前景：对专业生涯和未来发展的期望如何；

当你"画像"后，望你结合自己的实际情况，想一想，下一步怎么办。也就是思考自己的"我"是什么样？"自"的落脚点在哪？不然，"我"都没了，还"自"什么呢？

5 | 她们缺少的是什么？

在朋友的引荐下，老乡加同姓的她，走进了我的生活。我和她都很忙，有过几次约会，聊的都是窦氏家谱，及各自一路打拼的经历。

她毕业于北大，研究生，现任北京某银行支行行长。谈话中，感觉她开朗、健谈、干练、精明，佩服她不愧是学理的。但，她的语言有缺少"水分"之感，每一句好像都是拧干了再说。当着她的面，我曾狠狠地剖析自己：感性有余，理性严重不足。并表示今后多和她交流，学习她"理科式"的生存与发展的智慧。

不过，这次的会面，改变了我的看法。

8 月 31 日晚，朋友带着她的女儿，邀上我和女儿，一起在"俏江南"吃饭。她的女儿在朝阳区某小学读书。吃饭的过程，成了她娘俩控诉孩子班主任的过程。朋友条分缕析，一一细数班主任对待工作的一件件令她不满的事儿。她的女儿呢，如母亲一样，对她的班主任嗤之以鼻，评价老师时就像一个冷酷的法官在给小偷判刑。她甚至说："为什么她对我不好？她不怕我妈找校长，我怀疑她和校长有关系。"——惊得我脊背发凉。

吃饭中，我还发现，这娘俩之间的关系如同她们的语言一样，冷漠无情。有几次对话不是你责备我，就是我挖苦你。她娘俩还说，已经和校长谈判过了，校长已经答应给调班。

朋友和她女儿就这样滔滔不绝。其间，她还讲到了女儿参加"奥赛"、"无线电技能"、"公共英语考级"几个集训班的成绩与困惑。朋友的目的很简单，就是明年要女儿考一个好中学。我知道，她们这样做的原因，第一是发泄心中对老师的不满，我想如果当着班主任的面，也许不会这样放得开。第二是是对当前的教育现象的无奈批判，她很反感小学升中学的选拔考试，但又不得不这样做，毕竟"胳膊拧不过大腿"。第三是她好不容易带着女儿来见我，把我当作"治病医生"，让我给她女儿以诊断、指导。

交流中，我女儿一直没说话，一个劲地吃东西，偶尔抬眼看看她们，然后对我的话下意识地微笑一下。我呢，自然拿出一贯"好为人师"的特点，当然也有职业的责任与习惯，当她们每说完一件事，我就来一通"引导"，几乎是长篇大论。有时直截了当指出问题，有时旁征博引，委婉批评她和她女儿。我发现，她的女儿的表情和语气，已经明显带有妈妈的"理性"与"深刻"，丝毫没有半点少年儿童的天真浪漫。这不能不说孩子已经受到母亲的影响。

朋友和孩子身上缺少的究竟是什么？7月29日，《中国教育报》刊登了温家宝看望钱学森的文章。

钱学森对总理说："我要补充一个教育问题。一个有科学创新能力的人不但要有科学知识，还要有文化艺术修养。没有这些是不行的。小时候，我父亲就是这样对我进行教育和培养的，他让我学理科，同时又送我去学绘画和音乐，就是把科学和文化艺术结合起来。我觉得，艺术上的修养对我后来的科学工作很重要。现在，我要宣传这个观点。"

"您讲的很重要。"温家宝频频点头，接过话茬，"像您这样的老一代科学家不仅科学知识渊博，而且文艺修养也很高……现在学理工的往往只钻研理工，对文学艺术懂得很少，这不利于全面发展。我们的教育还有些缺陷……这个意见我将带回去和有关部门研究。"

大家知道——钱学森兴趣广泛，知识面很宽，他不仅是科学大师，而且在音乐、绘画、摄影等方面都有较高的造诣。在早年求学时，他虽然学的是自然科学，但同时也学过钢琴和管弦乐，曾是上海交大铜管乐团的重要成员。他曾师从著名国画大师高希尧先生学习绘画，而且成绩很好，得到高先生的表扬。他常说，他在科学上之所以取得如此的成就，得益于小时候不仅学习科学，也学习艺术，培养了全面的素质，因而思路开阔，人格饱满。

我把上面的故事讲给她听，并告诉她——从小，没有好好感受那些充满人性的"真善美"的书籍及受过艺术熏陶的人，必定是有严重缺失的人。人性一旦得到滋养，即便是一个普通人，在对待生活、处理一些问题上也会充满善意的口吻，拥有悲悯的情怀。朋友的房子在亚运村，很大；职位也高，挣钱自然很多。每次我们在一起的消费都是她慷慨解囊。但我一点也不羡慕，总感觉她们的生活不滋润。只因为她和我同姓，待我很亲　叫我姐，所以我毫不客气地指出了我的看法。

我还告诉这个妹妹，她缺最重要的东西——文学。当下，赶紧读小说，读文学作品，哪怕现在读也不晚。我给她的女儿和她推荐了好几本书，让她赶快到书店去买，并再三强调：对待生活，不要完全拿银行中真实的"计算"与"数据"分析事理，现实生活中的感性问题，有时需要模糊、艺术地处理。过于理性的生活，会让人性中的柔软的东西丢掉，随之而来的就是坚硬，到最后会只剩下由皮肤包着的骨架。

分手的时候，我告诉她，我要写今天的经历，还要批评她。她笑了，同意并很开心。我高兴——她那藏在内心的宽容与柔软也许已经被唤醒；我相信——未来的她，因情感的润泽，宽容与柔软将溢满整个心灵的房屋。

还有，那个朝阳区的语文老师兼班主任，我真想见见她。她只知道歇斯底里，只知道留一张又一张的卷子。也许，她觉得自己都是为学生好。不过，我很替她遗憾——她没有和自己的学生一起，在精神的阅读旅途中体验流泪、大笑、痛苦的多重滋味。难怪我的朋友会这么生气。

如果这位老师，受过儿童文学以及其他人文熏陶——她还会那样做吗？温总理说的我们的教育是有些问题。解决问题的办法一定很多。不过，就我看来，最好的办法就是让我们的国人凝神静气地读起书来。

……

走出酒店，我让女儿发表看法。女儿笑了。她说，这两个人说话一点儿都没有感情的味道，太恐怖了。拉着女儿的手，我心里还算欣然，毕竟自己的孩子没有那么对待她的老师，尽管有的老师她也评判，但心里还是充满感恩之情的。也许，是我们这娘俩有点音乐和美术的爱好，还愿意读一点书的原因吧，看到她俩的时候我们庆幸我俩没有那样。我俩的心能打开。

爱在右，同情在左，走在生命路的两旁。
随时撒种，随时开花，
将这一径长途，点缀得香花弥漫，
使穿枝拂叶的行人，
踏着荆棘，不觉得痛苦，
有泪可落，也不是悲凉。

回家的路上，朗诵着冰心的爱的诗句，心里暗暗下着决心：尽管底力有限，但只要力所能及——就要想办法让我的朋友，以及学校的老师、同学们亲近母语，亲近书籍。一句话，从亲近文学的脚步里"抓"到爱。

6 大敬佩与小遗憾

2004年教师节前夕，海淀区教委隆重召开了张思明教育思想研讨会。

和大家一样，我非常敬佩张思明。

教育专家裴娣娜评价他的教育思想时，用了朴实无华的"用心"两个字。在参加教育部巡回报告的30天里，他给我的印象正是如此。这30天，他没有间断过清晨4点30分起来的习惯，或跑步，或读书。旅途中、会议间，他总是抽空干"私活"——悄悄拿出教育书籍或者数学难题回顾和重温；还时不时地拿出练习英语口语的小册子默念上几句。这就是坚韧，这就是积攒。开会前的两分钟，吃饭前的五分钟，别人发言的十几分钟，清晨的几十分钟……累加起来，这些"额外"的时光，让他的生命得到增值。以至到现在，我也学着他的样子利用可以利用的"工作缝隙"，钻空子读书学习。

有一件事，至今我还记忆犹新——在北海市的最后一天，我们都忙着整理自己的东西，忽然发现他的《读者欣赏》，便急忙去还。

来到他房间，看到他行李箱中的物品摆放得井井有条——几双袜子整齐排列在箱子的右边，衣服整齐叠放在中间，左边是随身小药品、生活小物件，箱子的外层分类放着书籍及其他物品。我惊呆了——这可是一位男同志！就是细心的女同志，我敢说，也不能达到他的"境界"。

在武汉参观富康汽车生产厂流水作业车间的时候，他告诉我们怎样用数学的眼光来发现其中的好多数学问题……在研讨会上，当他讲到自己如何和学生进行数学建模，探讨并解决生活中的数学问题时，我似乎看到他和学生一起忘我研讨的情景。

研讨会现场播放了关于他的专题片。当画面上出现鄱阳湖水无情翻滚，解说员深情诉说湖水怎样拖走他父亲的情景时；当他讲和学生一起过年，期间偷偷回去陪伴自己孤独的母亲一小时再返回的情景时；当想到他自己没有骨肉，却把每一个学生当作自己的孩子时，即便是一个铁石心肠的人，也会落泪啊。

那些日子，我们报告团一行10人都愿意听他讲故事——语气平和不说，讲的内容也让我们眼界大开，思维开阔。比如他讲自己认识的一个人，把家里的珍藏全部捐献给了国家，不留一点财产给后代作为资本；他讲自己到日本勤工俭学，刷盘子挣学费，却把对方给的奖学金全部送给自己的学校（如果没有记错的话，他的奖学金折合为十几万元人民币）；他讲自己从小失去父爱，为了生病的母亲和姐姐，自己如何从小担当起"大男人"的角色；他讲自己给毛主席的孙子毛新宇当班主任时的艰辛；他讲自己的学生如何崇拜他而又嫁给他的故事；他讲自己要做孝子还要做好丈夫……

"幸福是一种自我感受，在物质上我欠缺很多，但是精神上我很富有……"他平静地说。那颗纯净、素净的心就这样淡然。

我由衷地敬佩他。当然，激动感慨之余，就这次研讨会所见，也留有几点小小遗憾。也许不对，但是我愿意诚实地表达出来——这样，我的心情也许会更舒坦一些。

教育行政部门能为一名普通的教师召开教育思想研讨会，这是很了不起的事情，开了教育界的先河。不过，开幕式上，领导依然是先被介绍，直到第三位，或者第四位才点到张老师的名字。再看就座的位置——后排的一角。坐在台下的老师、专家们根本看不到他，点评的专家也都在后排。可想而知，官员占据了前排。整个上午，发言的领导不下 5 个，可张老师的教育思想总结却被限制在 1 个小时内。

也许大家认为，本来就应该这样先介绍领导、就应该这样排座位，可这样的细节，却恰恰反映了国人心中根深蒂固的传承了几千年的"官本位"意识。当时我在想，今天的会议谁是主角？自然是张老师；今天谁的地位最高？自然是张老师。假设这件事换在别国，我想，张老师一定会在前排而且是坐在正中间啊。

有位领导在发言中说，在教师节即将来临的日子里召开这个研讨会是尊师重教的体现……可是前排的座位渐渐空了——一些领导中途退场。我很理解他们，他们一定有重要的事情急需去处理。但不知怎么，看到前排那一张张空位时，我脑中一片空白，眼泪差点掉下来。

再如，当领导们讲到，名师的成长离不开环境以及领导的培养时，我频频点头——的确，自己就是被当年良好的环境培养而成的一名特级教师。可遗憾的是，当下午某校校长接受采访，被反复问到学校如何培养青年教师以及为此采取了哪些措施时，这位校长先是含糊其词，最后竟然说还没有具体措施……

这不由得让我感慨到——在有些校长把"名师工程"当作业绩的今天，对教师的成长而言，环境、领导固然重要，但是，更重要的还是教师自己！从来就没有救世主——这位仅靠着高中毕业的底子从教，却自学拿下双学士学位以及硕士学位的张思明，成功地走出了超出常规的属于自己的人生道路。张思明的成长过程至少给我这样的启示。

另外，张老师给人的印象很完美，深沉稳重而又谦虚谨慎，等等，不一而足。我想，他在学校肯定不会"树敌"。不过，在下午的"对话"中，校长说张老师并非完人，当时我的心里一动。眼前的张思明一下子真实起来，感到张老师要从"神坛"走下来了，然而校长却一带而过。多么想知道他到底有哪些缺点，多么希望这样的研讨会也给张思明提几条建议啊。世界上不存在完人，也不必存在完人——优点使人可敬，缺点使人可爱。

7 执子之手，与子偕行

在很多教师眼里，《人民教育》是专供领导研究的政策性刊物，庄严、坚硬、冷峻。我也是教学干部，但面对《人民教育》，我更多的是作为一名教师，把她当作事业中的一眼清泉，从中汲取清醒和力量。

从 1997 年至今，每期必读——这是一个不知不觉中走近、融入，直至密不可分的过程。

每一次，总是在热切的盼望中捧读《人民教育》。以前总觉得她离我们很远，现在她离我们很近。"先生之风，山高水长"——推出的一位位教育前辈，让我们年轻教师心驰神往；一个个新课程教学案例的呈现，让我们感性地陶醉于课堂描述的情境中……这本历史悠久的杂志承载了中国教育太多的希望，充满敬意的同时我感到了任重道远。

印在 2004 岁末封三的，是我的几句心里话。

无意中的牵手

我 1986 年参加工作，教思想品德、教自然、教数学、教音乐，直到 1991 年，才教上了自己心爱的学科——语文。那时候，读过不少和所教学科相关的教育书刊，《人民教育》却从来没有读过。她高踞学校图书馆里一个固定而尊贵的位置，偶然翻翻，便送归原位——也许是因为"人民"一词太过于神圣和宏大吧。

1997 年底，《人民教育》发表了《千锤百炼铸名师》——介绍吉林市第一实验学校抓教师队伍建设的成果。当时的我风华正茂且积极上进，算是"小荷才露"——文中自然点缀了我的讲课照片。

就这样，第一次怀着亲切的感觉手捧杂志，在无人留意的时候，将自己的照片看了又看；就这样，从对自己的爱，衍生出对一份杂志的感情——如梦方醒地，我笑着对自己说："人民"离我并不遥远，我也是"人民"的一员嘛。看过照片，自然要读关于学校的报道；读过报道，不免浏览其他文章。

作为校长，对自己学校的爱也激发了他对一份杂志的爱——《千锤百炼铸名师》发表之后，黄诚校长在大会上经常提到这本杂志，并要我们去阅读《人民教育》。很自然地，我忠实地执行了领导的指示。于是，漫不经心的翻阅就变为了学而不厌的研读。

这时候我才知道，以往的畏惧，让我错过了一份可贵的精神食粮。严谨、方正自不必说，《人民教育》还让我发现了其真实、水灵的另一面——在"走进新课程"、"教师风采"、"生活时空"等栏目中，你都会找到与自己教育教学的共鸣或相似的困惑。我发现，这些教师所做的自己好像也能做到，我和他们的距离很近。于是我开始想象，自己就是一朵不起眼的小花，可以开在《人民教育》这个名园的一角。

追梦，凭着自己艰辛跋涉的脚步；开放，借着源于《人民教育》的阳光和雨露——《礼物》、《敢向教材发难的孩子们》、《语文教学要着眼于学生的发展》、《和学生一起幸福成长》……取代了 1997 年的那张用于点缀照片的，是我稚嫩然而真诚的文字。

从读者到作者的经历，使得读《人民教育》成了我的自觉。每月之初，一卷在握，仿佛执着良师益友的手。

给我幸福的习惯

和许多人一样，我爱读书，想多读书，但往往又觉得读书是远水解决不了近渴的慢功夫。"这样勤奋，值得吗？"忙完了一天工作之后，挤出时间读书的我，不免作如此想——正是过分地在意读书能给我带来什么实际的用处，才使自己读书的动力日渐削弱，才使自己读书的兴趣日益稀薄。可以说，读书，真的成了一件需要凭着毅力去坚持的事情。为此，我还常为自己有毅力而沾沾自喜。

《让读书成为习惯》一下子惊醒了我。因我对于阅读，还没有品尝到那种超越功利的纯粹的快乐。这时我才知道，本着学以致用的指导思想去读书的人，还不是一个真正意义上的读书人。带着深刻的认同和不尽感慨，我把这篇文章复印给老师们与他们一起学习讨论。

"一定要让读书成为习惯。"我对自己说。于是每一个星期，每半个月，每一个月阅读《人民教育》、《南方周末》、《书屋》、《万象》、《随笔》……可谓"沉醉不知归路"。

《人民教育》，使我的教学和管理更好地符合政策、法规。是当年"减负"的宣传引发了我对宏观教育的大胆思考；是"教改新干线"的一道道风景开拓了我的眼界；是课程改革的系列专题指明了我努力的方向。

"培养自己成为得到应有发展的，并能服务社会的人。"这是冯恩洪的话。其实，《人民教育》中类似的精辟见解，不止一次启发了我。我还把《为讲正名》和《无法预约的精彩》编入了清华附小的《教育资讯》，并写了读后感——《寻找讲与不讲的黄金分割》和《例说预设与生成》。

读了《让孩子学会轻轻地呼吸——"亲近母语随想"》之后，记住了"一种好的语文教育，是应该有缪斯心性的"，也惊叹于作者用美国诗人惠特曼的话所作的巧妙隐喻："有一个孩子每天向前走去，他看见最初的东西，他就变成那东西，那东西就变成了他的一部分。"不是吗？没有读到王维的"大漠孤烟"，你可能想象不出旷野的粗犷；没有沉浸到张若虚的"春江花月夜"中，你可能难以体验天地之美的永恒和人生短暂之间的反差；没有咀嚼过辛弃疾的"蓦然回首"的滋味，你可能永远领略不到感情的美丽——总而言之，与文学为敌的语文教育留下的将是缺乏想象力和没有审美品位的一代。所以，语文教育必须让学生的精神泡在文学的蜜罐子里。教师呢？更要如此！

就这样，每每阅读，感觉总有一股新的力量注入我的身心。渐渐地，我便驾着读书之舟，追逐那纯粹的快乐，试图驶向广阔的海洋。就去年来说，走进《小王子》、《夏洛的网》的童话，感受《语文科课程论基础》、《教师人文读本》、《生命中不能承受之轻》、《沉重的肉身》、《从文人之文到学者之文》之人文，随《寻找家园》、《顾准文集》、《书斋里的革命》、《中国古代思想史论》、《中国近代思想史论》一同潜入历史的风沙与思索……

同时，我还做着经典重温的甜梦：《红楼梦》、《陶行知文集》、《莎士比亚文集》……重读中，用心用情去经营，感受着恰如老友重逢的亲切与美好——这样的时刻真是幸福。

现在，读书成了我的习惯。我深深感到，这是一个可以独自培植幸福的习惯——土壤、阳光、水分都来自于美好的书籍。并且，随着读书、思考和实践的深入，我也在不知不觉中开始撰写着属于自己的"书"。发表在《人民教育》中的《为生命奠基——谈语文教学的三个超越》、《主题教学的思考与实践》以及《亲人》、《麻雀》的课例及评点，在小学语文教育领域产生了一定的影响。而幸福之树的种子，只是源于一点嗜读的"迂气"。

置我于生命的林子

刚参加工作时，领导介绍过《人民教育》中报道的任小艾的事迹。后来有一次，听说在市级班主任培训会中，要看任小艾老师的录像，那时还在教音乐的我，出于好奇竟然主动要求去一睹她的风采。看着白色衬衫衬托下，任老师清瘦可爱的娃娃脸，听着她和自己学生的成长故事，我被她吸引了。我发现原来名师也可以这样年轻——只要你肯付出努力。

最初认识张思明是在《人民教育》的"新星舞台"中。记得那时他手捧奖杯站在那里，文文静静，一脸平和——这对比他年轻的我来说是一种提示。有意思的是，我现在工作的单位和他的在一个区，交往也就多了起来。因为记住了他的名字、他的故事，所以在交往中感到很亲切。因而，也不由得更加细心地观察他——尤其是在海淀区专门为他召开的思想研讨会上，觉得自己是那么理解他，那么感动于他的坚韧和执著。为了感谢他对我的精神帮助，即笔写下《敬佩与遗憾》，并在教师节的庆祝会上送给了他。

"为四十岁作准备！"——这是《人民教育》刊发的介绍山东高密一中的专稿中提到的该校校训。"为四十岁作准备！"心里豁然一亮，同时又萌生一种紧迫感——因为我还有几年就要四十岁了。列宁说："四十岁以前的面容归上帝负责，四十岁以后的面容归自己负责"——联想到由于少年时没有好好读书，童子功不够扎实给自己带来的无穷遗憾，就更加敬仰这篇介绍文章的作者李希贵。

没想到，在"教育部更新观念演讲团"里，我向他学习了三十多天。记得在演讲团人员选拔的那一天，我是最后一个来到台上的。面对那些国家领导、专家评委，我忐忑地走了上去，作好了被淘汰的准备……一下来，正好坐在李老师的身边。他先开了口："你讲得真好，我同意你的观点。"简短的一句话，顿时驱除了我心中的胆怯。

于是，在巡回演讲的日子里，我主动找他谈我发言中存在的问题。记得我讲"三个超越"中的"超越课堂"部分时，李老师帮我把这个观点提炼为"课堂小天地，天地大课堂"——没想到这样的概括，得到了报告团团长傅国亮的称赞，还成了语文教师们的口头禅。

在我们 10 个人的报告团中，李希贵的身份与众不同，他是教育局长，是报告团中惟一一位地道的政府官员。但与众相同的是这位官员的热心与亲和——帮我们运行李、办理登机牌，到达目的地后，还总要提前踩点，为我们作好准备。报告团巡回十数地，他还写了数十篇随笔。

现在，我经常在《人民教育》中读到他的文章，并一一复印、收藏——比如他进行的语文教学改革——"语文实验室计划"；推行的"以教师职务评聘分开为核心内容的内部管理体制改革"；"发挥普通高中龙头带动作用，推进区域素质教育"的改革；"在高中推行课程改革，组织实施创新教育督导机制"的改革；推动"地区基础教育均衡发展"的改革；进行的"新课程背景下的分层教学与中考改革"——道理的深入浅出，文笔的朴实真切，读罢令人感叹。"我没想过那么远，我只想着怎么把现在的事情做好。一心赶路的人，是不需要鲜花的。"李希贵如是说。面对李希贵老师，我经常问自己：越来越接近四十岁了，我准备好了吗？

在《人民教育》里，通过文字影响我的，还有中学语文教师韩军、李镇西、高万祥……这批名师如参天大树，是我的榜样。

读他们，犹如置身于生命的林子，向上！向上！向上——成为像他们一样的教师——总有奋斗的欲望涌动心头。

也牵别人的手

"执子之手，与子偕行。"走过坎坷，历尽艰辛。现在，当我多少取得了一些成绩，拥有了一些能量的时候，总忘不了《人民教育》所给我的许多。和她走在一条路上，惊喜于眼前的境界日渐开阔清新，我很想为她，为《人民教育》，为我心爱的事业，做一点事情。

如果说《人民教育》是一幅壮丽的风景，那么除了高山险峻、森林密布，必然也要有小河蜿蜒、花草围绕——这花草溪流凑成了风景中最美丽的亲近和柔软。所以，一旦结识到文字诚实灵动、思想新锐活跃的朋友，我都建议他们去阅读并投稿于《人民教育》。我告诉他们：《人民教育》，不是你以为的官方材料，也不是那么霸气、威严和高高在上——你们需要她的点拨和指引，她也需要你们输送活力和健劲。

渐渐地，徐冬梅、周益民、干国祥、薛瑞萍、魏勇……一批在"教育在线"中叱咤风云的侠客，和一批以"草根"自命的民间名师，也因为我的原因，携着教育田野的清新之风，走近了《人民教育》。这令我颇有成就感。

再有，我的《激情与思想——我一生的追求》在"名师人生"发表后，引起了一些反响。张新洲先生把反馈的信件邮寄给我，使我感到莫大的鼓舞——河北威县的教育局局长张宏，专门手写了一封热情洋溢的信，约我前去给当地的老师们讲一讲。在一双双诚恳的眼睛的注视中，面对三千多名中小学教师我讲了一天……后来，张局长又把教师的系列听后感发表在局报上，一并邮寄给了我。我读后，还专门和张局长通了电话。我发现，彼此的感动已经借《人民教育》而循环往复了。如果说我曾感动了他们、带动了他们，那默默无闻的他们也让同时我更执著、坚强——彼此，不仅仅感动，而且传递力量，和着行动的步伐一起走向温暖的教育明天。

可见，一份好的杂志让你想起的，不是白纸黑字，不是专制权威，而是一群人，一群鲜活生动的人。《人民教育》正是这样的一份杂志。和她一起，我走在了一条越来越宽阔、越来越坚实的大路上。我希望，也相信，走在这条路上的人群，会越来越优秀、越来越多元。

因此，只要有机会，我都这样极力宣传这份对我影响极大的杂志。所以，大大小小的报告会上，看到教师郑重记下这个和他们或许有距离的名字，我的心头都感到欣慰——因为，对给了我激情和思想的，让我拥有了美好追求的杂志，不与同行分享，是自私的，也是不负责任的。

8 清兮浊兮沧浪水

几多艰辛、几多殊荣。对吉林市第一实验小学，我心怀感激——她培养了我 16 年，那里的一草一木也都蕴涵着我的真情。

几年前，为了进一步提高业务，我离开了故乡。依恋、惶恐与奋斗的欲望交织在我的心中。

揣着雄心，携着蓝图，我来到了清华园，来到了清华附小——对教育虽有埋怨，但心中却一直充满理想主义的激情。我以为，教师应该在教育的大地上诗意地栖居！特别对这里的教师——著名学府里的附小教师，我总认为，在他们中间，应当开放出我们行业里的优秀之花，应当生长出我们事业里的参天大树。

刚开始，感觉他们中的大多数怎么如此不热情。我曾冲动地埋怨——什么追求教学艺术啊，迎接课堂的挑战啊，利用网络实现事业的飞升啊，这些让我兴致勃勃的事情，在他们看来都似乎了然无趣。

一方水土一方人。终于醒悟，人和人的性格原来如此不同。他们的平静其实不是麻木而是内敛深沉，我则是外向奔放。到什么山上唱什么歌，这里的教师心灵深处也是有对教育创新的渴望，也是有对幸福和快乐的追求的，只不过表现方式不同吧——需要适应和改变的，不仅仅是他们更是我。

水面泛起浪花——在绞尽脑汁之后，"特级教师引领"、"和大师对话"、"三层次两反思"、"书友沙龙"等活动，扎扎实实地在校长的带领和老师们的支持下开展起来。

当然，活动的"大餐"要吃，但"家常菜"才更养人。为此我带领教学干部，几乎天天泡在课堂里——仅 2002 年的一年里，领导们听课就达 500 多节。40 分钟的听课，一个多小时的评课，两个多小时的研讨，每天很晚很晚才离开……

学校参加海淀区"世纪杯"教学大赛。几位选手没完没了地在我们几个教学干部这里"过筛子"，尤其对陈京芳和刘建伟老师，一是因为她们分别是我校惟一的数学、语文选手，二是因为她们都是 20 岁出头的年轻人。安主任告诉我，别的学校的校长已经住在学校不回家了——竞争相当厉害。明明知道这样的比赛存在不合理性，但也要参加。于是我们分头练兵。

其他教学干部的付出自不必说，就我来讲，将近两个半月，每天晚上都和刘建伟"耳鬓厮磨"，有时到我家备课至半夜；有时在大学餐厅吃完饭就备课——有一次感动得服务员耐心等了两个小时才关灯。

爱人到了新单位也要好好干，结果新房子的装修委派给了包工头。一个多月的装修没空去监工。到最后交工的时候，才发现门框竟然是塑料的，四个门，一个一样颜色。耿建新和吴跃猛老师到我家一看，又发现了地面的刨花板是锯末子压缩的，本来 15 元一块，却说 50 元一块。两位老师劝我重新装修——装修得不环保不说，用的还是假冒伪劣产品，更重要的是后半辈子住在这里对自己的身心是一种摧残。

如果重装，那就白白花掉几万块钱。这些钱干什么不好啊，这些钱对于农村的爹妈会是多大的帮助！

为什么不能挤出时间来看看，哪怕看一眼？当我埋怨丈夫的时候，他也埋怨我。两个人就这样怄气直到早晨……当别的家庭已经进入整理阶段的时候，我们家开始了拆卸。

痛尚未定，我又重新振作，热情地投入工作……

作为主管教学的干部，我认为，仅有教师的理解是不够的——为学校也为自己，我需要他们的发自内心的认同与佩服。于是我变得"自私"起来，着意提高自我的底蕴：关注教育科研——让思想指导教师，而不是只管理教师做事儿。读啊、听啊、想啊——原本没有闲聊习惯的我，更加分秒必争，成了时间上的葛朗台。

面对含蓄的教师们，我终于找到了和他们交流的通道——写信。心中升起写作的冲动，我想让教师们听到自己和我在课堂上花开的声音，回味和感受自己和我一起成长的苦乐。夜半的星星知道我稚嫩的文笔在电脑的屏幕上进行过多么艰辛的耕耘——于是便写成了《和教师一起成长》。

如果以前所写是为了鼓励赏识他们——我清醒地知道，这只是起点，那么反思才是教师成长的推进器。进行感性工作的同时，更要从理性上反省自己。对教师的课堂，必须走进去和他们一起经历40 分钟；必须一起回味这一过程中的得失；必须让教师懂得，成长就是一点一点的对细节的反思累积起来的高度。

道理懂了，但更重要的是如何将理念科学而艺术地体现在教学过程中，而不是只给教师或学生一粒药丸子，然后告诉他们如何如何有营养，或者逼迫他们囫囵吞下。于是，我便在课堂上帮他们"捉虫"，努力让他们的"庄稼"长得更壮、更旺。集腋成裘，这便有了后来的《梳理课堂——窦桂梅"课堂捉虫"手记》。这样做，目的就是引导教师成为一个自觉的反思者，对自己的教学行为抱着开放态度，在自我追问中改善自己的教学取向，从而使自己的教学行为获得更好的理解，做出更好的行为选择，继续推进自我学习，提高教学效能。当我给教师"捉虫"的时候，也是在捉自己课堂的"虫"。

　　因大家共同真诚地努力，"庄稼"终于在良好的土壤里得以生根、发芽、苗壮、挺拔。当海淀学区以及海淀中心的学科带头人由两三个逐渐变成多个甚至十几个的时候；当校长和老师们看到安华、姜国鸣在国家级数学教学比赛中获大奖，听到刘建伟在全国"求索杯"比赛中获得一等奖，看到叶红手捧在全国"创新杯"比赛中获得第一名的"十佳"奖杯的时候；当教师们用一篇篇随笔开始真正书写自己的教育教学情怀的时候，为学校，为他们，我高兴得要流出泪来。

　　社会也对我的付出给予了充分的肯定：区教委在2004年3月27日为我召开了"窦桂梅专业成长思想研讨会"；中心学区的领导、老师们开展了向我学习的活动……一句话，我的同事、海淀区、北京市已经张开双臂接纳拥抱我了。

　　岁月无声地流逝，蓦然回首，才发现"写"让我与教师的心走近，也因记录了自己的工作经历而沉淀出分量来。感谢这里的教师，让活泼爱说的我变得能够沉静地交流——用笔表达。来路的风光因奋斗而变得绚烂。

能写在这里的，是关于奋斗和收获的"阳光"的一面——也许是一种矫情或自夸，但我还是愿意写下来。面对自己的心灵，我不想隐藏这几年的经历，我认为自己是在坦然而认真地表达。

当然，那不便书写的很多阴影，我也深藏心底，舍不得忘却——对我而言，缺点和缺陷，失败和失落，都是个人成长与反思不可或缺的精神养分。感谢清华附小对我的修正——这几年，由理解变成了适应并有所提升，心中的理想变得理性和理智起来；性情中人变得有些性格或个性；过分热情的评说变成不无收敛的商量商量……我相信，有那么一天，凭栏远眺：宁静的云朵在空旷的天空中自由游弋着，没有丝毫犹疑不决，没有半点矫揉造作。

"沧浪之水清兮，可以濯我缨；沧浪之水浊兮，可以濯我足。"

过去的 3 年已经见证，将来的岁月必将继续证明：因为充盈坚定的教育之爱，逆境也好，顺境也罢，在我这里，都将转化为力量，推进我、鞭策我、修炼我，使我和我爱的学校一起——前行复前行。

9 | 生命因感恩而美丽

　　那是上学期的一个下午。高年级一个班的十多名学生气势汹汹地来到我的办公室，罗列了他们班主任的一大堆"罪状"，并要求更换、严惩这位老师。当我心平气和地倾听并且提出具体建议的时候，他们的言语和表情流露出的依然是不依不饶……

　　老师有缺点，处理问题的方式不合适，同学们可以批评甚至指责或要求更换。但我发现，除了语气太蛮横，他们所表现出的对老师的鄙视，甚至他们的责骂，让我这个当老师的心情特别沉重。因为我了解这位老师，她并不是那么可恨那么恶毒。

　　我也曾遗憾地看见过有的学生面对自己父母的几句唠叨，流露出极不耐烦的情绪，甚至骂骂咧咧；我也看到有学生常常因为别人的一点点小小失误而大打出手……

　　我们的学生怎么了？

　　岁月荏苒，学生的眼神渐趋失去了童稚时的纯真。他们开始自诩为智者，以为看清了世间的所有真相。他们不再敬畏生命，不再感恩他人，而生活在抱怨、指责、牢骚之中。

　　再看看我们周围的有些成人，他们经常抱怨、指责一切，甚至牢骚满腹，好像这个世界欠他们多少似的。有的甚至还怀疑人们的真诚，比如对于领导逢年过节问候员工，他们认为是虚假伪善、笼络人心等等。我们也经常说"谢谢"，也在不同的场合使用类似的客套话语，也许你会说，有多少是真正发自内心的呢？不过，有些人连起码的"谢谢"也不知道说呢。

也许是我们的工作、学习压力太大，销蚀了温暖的平静，只剩下浮躁的寒冷；也许是今天较优裕的物质生活来得太轻松、太容易，总觉得一切都是自然而然、原本应当的。

著名小说家亨利·詹姆斯在谈"应该怎样度过自己的一生"时说："人生有三件大事：第一，与人为善。第二，与人为善。第三，与人为善。"一位退休的老教师，曾语重心长地告诉我在学校立足的秘诀——"真才实学，与人为善"。不同的国度、不同的人生经历，获得的感悟竟是如此相同！

猛然间，我们突然发现自己的心中丢掉了一个重要的词语——感激！我们是否发现，我们原本拥有的"善"，正被层层习惯和世故包裹起来，并被压在了灵魂的最深处？

就拿我来说——少年之时，年轻之际，我未曾懂得感恩。离开家乡，经历些许人情世故后，我才深切感悟到：心存感激，会让简单的话语充满了神奇的力量，也会让琐碎的小事变得格外亲切。

心存感激，知足惜福，是我心中难以割舍的激情。来北京快3年了，对原单位的感激之情却愈加强烈。于是，顺情而诉，写下了《站在北京回望》。开头，我这样写道——

我走了，走得如此不舍。

我知道，"一实验"在远处深情翘望着我，衷心祝福着我。

　　将近两年过去了，如今的我仍然没有忘记培养我的"一实验"。几多殊荣，几多沧桑。我以曾是那里的人而自豪，而骄傲，因为对那里的一草一木都曾倾注过我的情愫……

　　接着，我细细讲述了自己是如何在新单位忘我工作，怎样在孤独失落的悲伤中体会"痛苦"，而后"痛快"的。最后，我感慨道——

　　"一实验"啊，是您培养了我，创造了我。当我站在新的起点时，有您的祝福；当我失意时，有您的鼓励；当我成功时，有您的鞭策……当我离开您时，也一定有您真心的理解。您的宽容和期待，会让我在全新的环境中以最佳的状态展现自我！"一实验"，虽然我轻轻地远去了，但我什么都未曾忘记……

　　邢校长看后，激动不已：窦老师没有忘记学校对她的培养啊。于是让老师用毛笔全篇写下来，张贴在学校的大门口，让全校的师生阅读。

　　心存感激，才能使高度修养的心灵结出果实，在低俗之辈中你根本找不到它。你真诚，世界也跟着你真诚；你直率，世界也跟着你直率；你微笑，世界也跟着你微笑。那么，请越过习惯、世故、冷漠、麻木……心存感激吧！

感谢父母。是他们在一次次牵扶与放手中，让我们放飞理想。

感谢师长。是他们让我们抛却愚昧，学会思考。

感谢兄弟姐妹。是他们让我们体会到血脉相连的亲情，摆脱孤独。

感谢朋友。是他们让我们在孤寂无助时倾诉、依赖，看到希望和阳光。

感谢清华附小。是它让我在忙碌烦躁、精神紧张的日子里，领悟到生活的多重意义，并以知足的心态去珍惜身边的事物，品味人性的甘美。

感谢曾经帮助过我的所有人。是他们用温暖的话语，智慧的提醒，让我发现生命是如此丰厚而富有。

感谢肯接受我帮助的所有人。是他们让我把心中的善良、感恩得以延续，把我自己获得的人生体悟、教育理念、业务经验毫无保留地传递。

其实，生命给了每个人微笑。

我们，也应报生命以满怀的感激。

10 | 玫瑰与教育

一

　　以前，对于网络，我没有兴趣。非典时期，张曼玲（网名小曼）打来电话，让我到"教育在线"网站的"小学教育论坛"坐坐。刚开始的时候，我只是"潜水"阅读帖子。可是几天下来，心里手上就开始痒痒了，总想跟帖，还想发帖。怎么办？"起个网名注册吧"。自然地从自己的姓名上琢磨起来。姓为"窦"，叫"豆豆"——小时候大家都这么叫我，可现在显然已经过了那个可爱的年龄。叫"桂梅"——这是父母期望爱女有如桂花的芳香，性格如梅花的傲然。不过，"桂"和"梅"连在一起的时候，总感觉"乡土"了些。

　　其实，"教育在线"是建议实名注册的。说心里话，我很害怕注册"窦桂梅"。如果说自己算是小有名气的话，我更愿意呵护自己的"羽毛"，不想在网上让大家知道更多的缺点。"教育在线"上的网友们，有的见过面，有的没有见过。无论是老的，还是小的；无论是男的，还是女的；无论是官员、领导，还是平民百姓，到网上就变得亲切平等而又充满激情。但，在网上的虚拟世界，没有人会因为你是名师就恭维、赞扬，他们会把你当作一名网友对待，有时像家人一样，想怎么说就怎么说。不过，由于可以自由抒发自己的性情，歌哭无端，有些"大虾"的批评挖苦之声让你害怕得不得了，甚至让人有"有身如梏，有心如棘"之感。更重要的是，通过和网友们"约会"，我发现了自己各方面的严重不足。验证了自己曾经有过的失误，反思到了自己原来泛化的爱心，有了"人外有人，山外有山"的切实感慨。因此，就越不敢把自己的真实名字告诉大家。

总得起一个网名啊。"桂"与"梅"颠倒过来"梅桂"的同音不就是"玫瑰"吗？就叫玫瑰！作家冰心只钟情于玫瑰，冰心老人认为玫瑰有刺，那是风骨，玫瑰的芳香艳丽就是冠艳群芳，还给自己取名叫"冰心玫瑰"。当然，我不敢奢望如"冰心玫瑰"那样绚丽和高贵。但，我喜欢这个名字。于是"玫瑰之约"的主题帖便在"小学教育论坛"中诞生了。

刚注册"玫瑰"，就有网友不断询问我是"何方神圣"，或在"短消息"里，或者在跟帖中。越是这样，越是害怕。于是我含蓄地表达了我的意思：

　　这里是玫瑰园，它的主人是玫瑰先生。奥斯卡·王尔德写过《多里安·格雷的画像》。小说中的画家叫巴兹尔·霍尔沃德。当亨利勋爵问画家，画面上白皙漂亮的面孔是谁时，画家不愿意告诉亨利勋爵，说道："漂亮的面孔或许将给他带来危险和麻烦。"可是亨利勋爵还是追根问底："旁边写着多里安·格雷，是他的名字吗？""不太清楚。当我喜欢某些人时，我从不把他们的名字告诉我的其他朋友。我喜欢保守秘密，仅此而已。"巴兹尔·霍尔沃德平静地说。"当然，"亨利勋爵赞同地说，"有秘密，生活才更有趣。"

没想到，几天过后，朱永新教授便揭开了我的面纱。原来，聪明的张向阳老师从我电子信箱的字母和 IP 中发现了秘密。"丑媳妇"终于见了"公婆"。但，大家已经习惯叫我"玫瑰"了，所以，"玫瑰，玫瑰"地叫起来，于是，"玫瑰"就这样叫开了，渐渐地成了朋友们对我的昵称，直到现在。

二

"把盛开的玫瑰移植到自己的园地来！"（苏霍姆林斯基语）。

枕着朱永新的"新教育实验"，做着优质教育飞翔的美梦；接受李镇西的"民主与教育"，去把仁爱的大旗高高举起。

女人间的友谊很容易让人想到家长里短、繁杂琐碎，然而玫瑰和看云，从某种意义上说，是脱离了低级趣味的人……因为嗅到对方身上相同的气质，所谓惺惺相惜，这种基于精神层面的交往因纯粹在急功近利的社会背景下显得不易……这段情缘弥足珍贵，终成佳话。

这是原《教师之友》中《花自绽放云自卷》中的一段话。敬业、好学、善良、坦诚，加上性格和阅历的差异……各种因素综合起来，在对方眼里就成了一颗璀璨的钻石：多个切面，随时光流转，次第展示。《花自绽放云自卷》已经成为经典故事，其实，《窦桂梅的一天》和《我爱看云》还不能够"更真实更全面"地见证着彼此的影响。何止是看云，自从叫了"玫瑰"之后，我还认识了更多的默默无闻的老师们。认识徐冬梅（网名"亲近母语"），两朵"梅"相遇必然有故事；认识朱煜（网名就是本名），便有了网上与网下的《斋园对谈》……

都说"在线"是一片生命的林子。我知道，这片林子最顽强的生机来自哪里。这些会唱歌的花儿啊，担着和大家一样的重负，飞去又飞来。每一天，我都要来看看这片因你们而美丽的林子。每一天，我都要默默感念着你们的名字。于是，小小的我，怕冷的我，居然也开出了自己的花儿，引来了蜂，引来了蝶——它的名字叫玫瑰。相信，有一天，我也会长出翅膀，唱着歌儿，像你们一样自豪地飞上寒冷的枝干，甚至最高的枝头。在心中向你们默默地保证：我会的。

（摘自玫瑰的《会唱歌的花——献给我挚爱的网友》）

于是，连他们天人合一的融洽，采他们多姿的湖畔奇山，分他们一片迷蒙的吴门烟水，取他们数帧流动的花光水影，摘他们淡远的岁月章回，耕耘出了自己的玫瑰园——《蜂飞蝶舞玫瑰园》、

《午夜盛开》、《课堂捉虫手记》、《主题教学的思考与实践》、《在白纸黑字的沃野上》……这些从实践中总结记录的个人"思考与感悟"的专题，成了属于自己的独特风景，吸引了众多"蜂"与"蝶"。王文丽（网名"溪桥"）唱道："半个月亮爬上来，照着我的姑娘梳妆台，请你把那窗户快打开，再把你那玫瑰摘一朵，轻轻地，扔下来。"网友们呼唤着我，我更需要着他们。因了这些花儿，玫瑰园热闹了起来。我这朵本"羞涩"的花骨朵，已经绽放在教育的旷野上了。

三

也许，每个人都有展现个人、扩大交往的内在需求，也许现实生活中的友谊往往不尽如人意，人们很本能地将目光和心情投入虚拟世界。但是，网络毕竟是现实世界的一个投影，不能解决教育中的所有问题。我们要免于感情的匮乏，更要免于热闹的恐慌；要免于网络的"慎众"，更要追寻个人的"慎独"。重要的是，不是在网络中自我陶醉与迷失，而是要把收获到的好种子，带到现实的土壤，播种，开花，奉献给真实的教育，让大家嗅到真的玫瑰的芳香，而不是屏幕上的幻觉。

于是，这几年，网上与网下，在不断地发现新鲜因素的过程中发展着我；在不断自我发展的过程中生发着我——思考的深度渐深刻，行走的脚步更扎实了。"玫瑰"的花孕育了我的美丽，玫瑰的"刺"孕育了我的风格。

2月14日的情人节，无论东方西方，这一天街上到处是玫瑰花，女孩子在这一天是最幸福的。其实，不管何时、何地，谁收到玫瑰花都会怦然心动。你看，一朵有一朵的吉义。比如，"1 朵"代表"我的心中只有你"；"18 朵"是"真诚与坦白"；"99 朵"是"天长地久"。现在，我已用玫瑰的含义要求自己——像"6 朵"玫瑰那样，对待同行，努力做到"互敬、互爱、互谅"；"8 朵"玫瑰那样怀着感恩之心对待"关怀及鼓励"我的人；像"19 朵"玫瑰那样学会在现实生活中"忍耐与期待"；像"20 朵"玫瑰那样，"一颗赤诚的心"对待自己的人生；像红玫瑰代表的那样，对教学付出热情和真爱；像黄玫瑰代表的那样珍重自己，祝福别人；像紫玫瑰代表的浪漫那样感受心灵的真实和独特；像白玫瑰代表的纯洁一样，一辈子拥有童年天真；以至努力做到黑玫瑰的温柔，橘色玫瑰的友情，蓝玫瑰的善良……爱事业如同热爱我的生命一样。我晓得，要把个人的生命融入教育的使命。

比尔·盖茨说，衡量成功、快乐的方式很多，其中最容易的方法就是看能不能给自己的家人、朋友和自己所尊重的人带来帮助，以及通过什么来改善他们的生活。人生是公平的，利他就是利己。当你做了一朵"爱情之花"时，就已经有相应的甚至更多的回报在等待着你。赠人玫瑰，不仅今天可以手有余香，而且明天还有可能得到别人回赠的一座玫瑰园。

"我们萧萧的树叶有声有响地回答那风和雨：你是谁，那样沉默着？我只不过是一朵花"。是的，我只是一朵花，没有多大的能量。但，和着风雨，执著地孕育着，盛开着，正以最大的努力回报着家人，回报着师长，回报着朋友，回报着学校，回报着社会……

第二辑

在听说读写的背后

1 顺风逆风，我心飞翔

褒扬的话像头上的太阳——领你向前、向上；批评的话像身后的剑——逼你向前、向上。然而，最美的却还是雷雨过后的太阳，在那样的成功里，一定有着批评的功绩。

让缺点成为特点

成为名师的道路是不可能一帆风顺的。你会遭遇个别同志的打击、嫉妒，甚至造谣中伤……这些"磨难"都要经历，因为这也是磨砺。同时，这也要求我们对自身的缺点有一个比较清晰的认识。就我来说，我不否认存在缺点和缺陷——虽然善良热心，虚心好学，但心直口快，过于外向，说话考虑简单，难免有不对不妥之处。

苏珊·桑塔格在接受"耶路撒冷奖"的时候说：我所说的有关任何事情的话都不是我最后的话。我经常用这句话告诫自己：勉励自己，一定要认识到，人的"未完成性"恰恰是自己或其他人的最重要的、最本质的特征。因此，即使批评别人也不能像有的人那样——批评别人总要扯到"非教学"、"非教育"的问题上，而且往往将一个缺点无限放大，一如在一张白纸上，只看到一个小斑点，却无视这一张纸本身。

就我的课堂教学来说，一直能读到褒贬不一的评价。当然大多数是对我的鼓励，就个别批评来说，我也很理解——批评，那也是对你的关注，是件好事，因为他们确实怀有一颗热忱的心，不然，何必那么费心费力？

"张牙舞爪！"——有人如此评价我的教态。当时我就笑了，因为，这也是我自己看录像的感觉。我觉得他们批评得还不如我自我评价得严重。

教学不可能也没有必要取悦于所有人。我相信，一个有缺点的教师是真实的。缺点是一个人特点的有机组成部分，一个没有特点的教师，一如泥胎木偶，他的语文课就像破庙里的庸僧谈禅。一个人的优点从另一角度来看，往往也就是一个人的缺点，关键是要努力让缺点成为特点。

也许是教音乐课多年的原因，身上一直脱不去一种表演味，过去一直为此而苦恼，但随着思考的深入，我越来越庆幸我有音乐素质——我发现自己的课堂很有节奏感，一堂课下来就像和学生演出了一幕话剧。我还专门为此写过一篇文章——《璀璨的恒星》，发表在《语文教学参考》上。

一位教育家说：教师就是演员，只不过演员的表演在舞台，教师的舞台在课堂；演员演绎的是剧本角色，可教师演绎的是自己的人生。也许有人不同意将教师比作演员，因为这意味着将学生比作了观众。但是我想，教师具备一定的表演才能，具备一定的像演员吸引观众那样的个人感召力，肯定是件好事。当然，我还想说，一个教师，他除了应该是半个演员，还应该是半个演讲家、半个小品家、半个作家——对于感性的小学生来说，他们喜欢看得见的、摸得着的东西。

好多人说我当演员一定也成，我很高兴。我承认自己有点"说、拉、弹、唱"的基本功，也有一定的表现能力。为了调动学生，我想出了一个办法，就是把一次次公开课都当作第一次来上，努力让自己的精、气、神感染学生，努力和学生"一见钟情"，努力让课堂迅速燃烧起来。

为此，在课堂上，教师绝对不能卖弄。故作高深、装模作样——长期如此是多么辛苦的事情，那样会"累坏了"自己，也会玷污了自己。所以，面对学生，我是全心投入，激情满怀，毫不保留地释放自己，彼时的我不是演他人的戏，而是演自己的心。

当然，我既不希望所有教师都像我一样，也并不认为成为名师只有走"演心"这一条路子，关键是要有自己的风格。我读吴非的《不跪着教书》，读到他关于教师风格的遗失的感慨。他感慨自己身边的老师大多没有特点，一个个一板一眼，一副谦谦君子形象，却看不到任何个性，更谈不上自己的风格。为此，我也写了一篇《也谈教师的风格》应和，特别强调了引自吴非的话——"为什么听课的老师非要名师按照你的思路进行呢？为什么听课老师总是按照自己的审美习惯审视别的老师的课堂？为什么不能把这种特别的课堂当作别开生面的特殊体验？"

我的课堂我做主，我们每个教师都要有这样的责任感与自信心。要相信自己身上的特点，从一个侧面看，是缺点，但从另一个侧面看，它其实可能就是优点。当然，即使我们的某个优点被自己发现了，得到了长足的发展，也仍然需要牢记："一个人不论掌握了怎样的时代最强音，他都没有一点比其他人优越的理由，他不应该违背基本的人类良知。"——陀思妥耶夫斯基的观点引发我进一步思考：千万不要以所谓的"思想者"自居，那样，除了指导别人，什么事情都不能做。

让性情成为性格

关于外出讲学，真所谓"人在江湖，身不由己"。的确，邀请我的很多，可以这样说，如果我想出去讲的话，天天都会有。但是，我坚持的原则就是：学校的事情一点都不能耽误，外出讲课一定是在自己的个人时间。我深知，真正的名师首先一定是墙内开花墙内香的。老师扎根自己的学校才是最重要的——至于星期天的安排，那是我自己的事情，无人可以指手画脚。

邀请我去讲课的来自方方面面，有的还亲自来北京找我——山东的、江苏的、河南的、辽宁的，等等，尤其是吉林各地区的。由于自己是性情中人，所以只要他们来，我肯定会尽心尽力接待，而且有些不能推掉，比如，我们学校参加的"新教育实验"会员学校邀请我去，我必须去；近年参加教材的编写——自然一些培训是责无旁贷的；更有教研室、教委的指派，以及各县区的邀请，大到国家教育部、教育报刊杂志，小到一所普通的学校，北域南疆——你说，你哪个可以不去？不去，人家会说你架子大了，会说边陲小镇需要你的引领，会说你不来就是如何如何……有意思的是，你不去，被指责一通；去多了，也被指责一通。

要学会拒绝，要学会强硬，更要学着把性情变成性格。现在我明白了，很多时候，我应当拉下脸来说"不"。现在的我已经能做到了。

当然，在我看来，外出讲课也并不就意味着浮躁。身动并不等于心动，性格问题也不是人格问题，关键看是否会在忙忙碌碌中迷失自己。惠子问庄子："子非鱼，安知鱼之乐?"庄子反问："子非我，安知我不知鱼之乐?"衡量一个人的状态，不是看他怎样风风火火或者看似沉沉静静，而是看他是否每一天都有所收获有所进步。就我个人而言，别人只能看到我忙碌着的那几个小时，而其实，正如每个人都是多维的自我，我另外的多重性格外人往往是无缘识得的。实际上，能在这个喧嚣的世界偷得浮生半日闲，和陶子苏子一样"无息无虑，其乐陶陶"，也是我鲜为人知的人生方式与娱乐方式——为此，我甚至很自得："子非鱼，安知鱼之乐?""子非我，安知我不知鱼之乐?"看一个人，不能光看一次发言的表现；看一个人，不能光看讲课的那一个瞬间。

因此，当有人对名师不满的时候，我既对批评者表示理解，也对被批评的人表示理解。名师好不容易从"盆景"长成"青松"——他们好不容易冲破了自身的障碍与环境的障碍，现在，他们固然需要批评的激励，但一样需要一个相对宽容的环境来让他们尽情地展现自我，而且我坚信，这种展现对广大一线教师，尤其是更年轻的老师是有着启迪作用的。

"不要把自己摆在弱者的位置。"（崔卫平）但，对有的专家的过度批评，名师之间因意见不合而演化成的某种攻击，甚至有人在某些场合或会议上公开嘲笑我，我却总是回避，因为我认为，我们中国的教育者都是弱者。而且中国人不喜欢辩论，也不会真正地辩论，一辩论就打架。比如当年红卫兵大辩论，开口几句还可以，再下去就互相吐唾沫，接着就抡拳头，然后动起枪炮来。王小波说中国人的辩论能力、风度、方式、追求的风格和实际造成的后果几乎让他绝望——他说，在哪个领域争论，哪个领域就遭到损害……因此我认为，在许多时候，沉默也许是一种更鲜明的表态。当然，沉默并不表示我没有意见，只是说明我希望自己能够用行动，用更多优质的课堂与教育细节来表达我的观点。

我知道自己成长的不易，这个成长是在"精彩极了"与"糟糕透了"两种意见的碰撞中获得的。所以，我见到那些需要成长的年轻教师总是鼓励、鼓励、再鼓励，而对自己"家"的年轻人，有时却会在他某一高度停止进步时给予"狠狠的批评"。

现在，我不断地提醒自己：评价一个人一定要秉持两个原则—— 一是必须看他的总体表现，不可吹毛求疵；二是对于证据不能断章取义，移花接木。

塞万提斯说，没有一本书坏到找不到一点好处，更确定的应该是——没有一本书好到无懈可击。我想化用之：没有一堂课差到找不到一点好处，也没有一堂课好到无懈可击；没有一个人坏到找不到一个好处，没有一个人好到无懈可击。

说了这么多，我到底是不是真正的名师，自己还不敢确定。如果不是，我将继续努力；如果是，那是社会对我的努力的认可。积极上进的年轻人或许可以从我身上得到经验和教训。

因此，鼓励的力量让你得意而前行，打击的力量让你前行不"忘形"。这分不开的一对反义词就像你的左右脚，有时左脚的表扬在前，但右脚的批评肯定会跟上——只有这样的行走，才会在一个个不同的脚印中，走出一个属于自己的人生。

2 | 考试：不要让学生的生命支离破碎

以下是 2004 年年底海淀中心学区期末考试一至六年级的部分考试内容：

一、查字典

二年级：

带点的字	部首	除去部首剩几笔	正文页码	正确读音
脊背				
踏步				

六年级：

带点的字	部首	余笔	音序	音节	字义
久负盛名					
翩翩起舞					
稀疏					

海淀区的语文考试，第一题固定为查字典，这样的题型从二年

级直到六年级。掐算时间，基本要在 4 分钟之内完成。试想，"正文页码"的填写、"除去部首剩几笔"的计算有意义吗？记不住生字的"音序"顺序，就不能快速找到吗？如果这样，那么教师在平时严格要求学生，并养成一定的习惯不就行了吗？与此形成鲜明对比的是，安徽省的中考，语文考试已经允许带《新华字典》。

二、组词

我在小时候就进行组词的练习。现在也在给自己的学生做这样的练习。

比如同音字组词：

保（　　）　　　　历（　　）　　　　映（　　）

宝（　　）　　　　历（　　）　　　　应（　　）

再比如形近字组词：

恼（　　）　　　　戏（　　）　　　　气（　　）

脑（　　）　　　　浅（　　）　　　　汽（　　）

当然还有一字组多词：

范（　　）（　　）（　　）（　　）（　　）

这样的题型，旨在考察学生词语的积累情况。不过，这种形式真能体现学生的语文能力吗？学生胸中是否有这些词汇，重要的是看他能否在具体的语境中运用。对于已经会的，写出来重复一次没有价值；对于不会的，通过死记硬背写下来也不一定就会运用。还有，去年北京市对部分地区进行质量抽测，出了用"质"字组词，要求组6个。即便是大人也要想想，而且不一定都能组对，更何况小学生？说心里话，平时这样的"题海战术'多了去了。问问自己的孩子，谁没有做过这样的练习？老师总是说"勤能补拙"，语文能力要在"勤练"中提高。但这得看"勤练"和"多练"练的是什么啊！

　　人的精力和时间都是宝贵的。对于语文学习而言，值得"勤"的惟有读书、思考和真诚地书写自己。其他种种，不过是在知识或者伪知识的碎屑里打滚。除了让自己的生命也变得破碎无聊之外，没有任何收获。

三、造句

　　二年级的一道题是从下面的词语中选出3个词语造句：

专心 经常 观察 发现 本领 真正 刻苦 勇敢

造句不是不行，得看什么形式，如果生搬硬造，必然笑话百出。比如教师孤零零地拿出几个词语让学生造句，就出现了这样的情况：

　　　　"难过"——我家前面的大水沟很难过；
　　　　"如果"——罐头不如果汁有营养；

"天真"——今天真是游泳的好天气；

"十分"——妹妹的数学成绩只考了十分；

"从容"——我做事一般从容易的地方做起。

没有具体的语言环境，学生们自然而然就这样生搬硬套。教师为了学生考试能有个好成绩，常常会给出范句，这样做美其名曰为了训练表达方式、遣词造句，为以后布局谋篇服务。可是，语文的能力是这样培养的吗？

四、排序

这样的试题，目的是考察学生对"句与句之间的联系"的掌握情况。如果出这样的题，答案只能有一种，不然就失去了真实的意义。但是，这些年，每次遇到的都是有好多种排法。比如四年级的考试中的一道题：

（　　）在艳阳高照的当儿，整个日月潭，都清晰地展现在眼前，使人突然胸襟开朗起来。

（　　）黎明时，湖面的轻烟还没有散去，隐隐约约地看得到天边的晨星和远山的几点灯光。

（　　）日月潭不但环境美丽，而且景色宜人。

（　　）日落的时候，潭水荡漾着美丽的霞光。

（　　）蒙蒙细雨的时候，她又像披上了一层薄薄的轻纱，周围的景物都那么朦胧，充满了神秘感。

（　　）无论在早晨、黄昏、晴天或雨天，她都会呈现各种不同的景象。

这是《日月潭》中的句子，聪明的你不知道会排出几种？这样的考核目的在哪里？出题者要认真弄清楚每道练习题的训练目的，也就是：这道题要解决什么问题，提高什么能力。阅读能力主要是能读懂文章，解释、说明、概括文章的内容和特点，理清文章的层次结构，正确分析新的语言材料，准确回答一些综合性的问题。

或许你想改，可是有时候区里和市里就用这样的卷子进行统一分析，你不参加也不行。这样"上有所行"，怎能不让"下有所效"？现在又进行了等级形式的考试，对语文考试有"基础题"、"能力题"、"综合题"之分。其实，什么样的题能考出能力？什么叫综合？语文的等级怎么能评定？改革要符合语文自身的规律。

"一手好字，一副好口才，一篇好文章"是我们学校制定的语文学科质量目标——这只是从工具性的角度强调的。关于语文的性质，以及作为母语，学生学习之后所获得的人文修养、文化内涵等等，却不是这三个目标能涵盖的。由于多种原因，目前，语文考试基本是笔试，而语文涵盖的许多内容是笔试所不能涵盖的。

比如，语文的一项重要能力就是语言表达，衡量一个学生的语文能力也要看其表达时语言的完整、丰富和幽默等。可考试就是没有这项内容。再有，语文的能力还要看写字的好坏，我没有发现高考特意有这样一项要求。

社会、家长都在以考试成绩评价教师，教师不得已而围着考试的指挥棒转。于是机械、僵化、陈旧、破碎的东西自上而下被复制、被灌输——

如此这般的勤教苦改、勤学苦练，或许"成绩"可以提高，然而，孩子作为人的质朴、灵动的生命力，却被割裂、禁锢、扼杀了。

　　今天的教育，已经不再是强调我要教学生什么东西了。我们没有办法为下一代规划他们要学习的东西，我们也不知道为下一代调整什么东西，我们惟一能教会他们的是如何学习，而不是将孩子考成"烧糊了的卷子"。

3 | 最好的礼物

教师节来临之际，有个孩子想："送什么礼物给老师呢？"

贺卡？担心老师不会喜欢；鲜花？又担心花谢后，老师忘了自己的心意；送一支精致的钢笔吧？又担心别的同学也送，老师会分不清哪一支是自己的。于是，他去问老师："您希望收到什么礼物？"老师笑了："最好的礼物是在将来。请你现在就开始准备，10年、20年后再送给我。"

这位老师的回答真精彩啊。这不由得让我想起自己经历的第12个教师节。

8年前，9月8日的第一节课上，向佳同学突然从后面冲上前来送了我一束鲜花。我格外激动，随手接过来，并说了声"谢谢"就开始上课了。没想到，下课以后，同学们纷纷走上前来，有的表示要给我纱巾，有的要给我比向佳送的还要漂亮的鲜花……

回到办公室，我的心情沉重起来。也许是课堂上不经意的一句"谢谢"和脸上的微笑，让孩子们产生了刚才那么多想法；也许教师节给老师送礼物已成为学生脑海里、潜意识中天经地义的必须。但，不管怎样，在我的心中，接受这些孩子用父母的钱买来的礼物，感觉就是不坦然。

后来我回到班级，和学生们聊了很多，最后我们师生共同决定，今后的教师节不再送我任何物质形式的礼品，今天向佳的鲜花就代表了全班同学，作为最后的礼物；如果说，当我白发苍苍时，学生们能带着自己的成就，领着自己的家人来看望我，并给我买礼物，我肯定会收下……

以后的 4 年中，我们一直践履着这份承诺，直到分别。

后来我发现，随着时间的流逝，这个班的学生更加敬重我了，当然也包括向佳同学。现在想来，假使以往每过教师节，我都理所应当，甚至理直气壮地收下学生的礼物，也许，他们就会认为自己不欠教师什么了，因为自己已经用物质补偿老师了。可反过来呢，当一个个教师节这样素净地度过之后，学生却"心有千千结"，那感情的小河，一直流过每一个教师节，一直流到今天。

3 年前的教师节前夕，我收到了学生的一封信。整整写满了 5 页——

离开您已经 4 年了，但是我还依然感受到您的仁爱之心。虽然我已经好长时间没有和您联系了，但是，不论天涯海角，我都会在心里祝福您。

您取得了一些荣誉，但，我想您一定会正确对待，不会故步自封。还要嘱咐您的是，在您拼命工作的时候，千万不要忘记了您的女儿何松阳——只有建立"双赢"，您才能算真正的成功。

老师啊，毕业时，握您的手，泪中带笑；再相见，抱您的肩，笑中含泪……

这就是我的学生，乔驿涵，在教师节给我的最好礼物！

"不要你的金，不要你的银，只要你的心！"陶行知曾要求教师这样地对待学生。

此时，我想对学生说的是："教师节来临，不要你的金，不要你的银，只要这样的心！"——老师要的是你每天的进步，要的是你长大成人之后，在教师节能打个电话、道一声问候，或者像乔驿涵一样写一封信，哪怕只写上几句话。当然，以最快速度发个"伊妹儿"也好啊。——这样做，也许就是学生对教师的最大尊重！

4 受教的，其实是我

随着岁月的流逝，在经历了33年的轮椅生活后，史铁生的精神境界逐渐达到超然，他在《病隙碎笔》中写到：

> 生病也是生活体验的一种，甚或算得一项别开生面的游历……刚坐上轮椅时，我老想，不能直立行走岂非把人的特点搞丢了？便觉天昏地暗。等到又生出褥疮，一连数日只能歪七扭八地躺着，才看见端坐的日子其实多么晴朗。后来又患"尿毒症"，经常昏昏然不能思想，就更加怀恋起往日时光。终于醒悟：其实每时每刻我们都是幸运的，因为任何灾难的前面都可能再加一个"更"字。……生病的经验是一步步懂得满足……

作为正在生活的人，谁能像史铁生般悟到这样高的境界？

带着《秋天的怀念》，来到苏州盲聋学校。为了让这些盲学生懂得如何"好好儿活"，我准备抓住课文中多次提到的"好好儿活"，从"娘俩要好好儿活"、"我俩要好好儿活"，引申到"我们应该怎样好好儿活"。

　　然而，当我走进课堂，面对他们的时候，所见的是一脸阳光，看不出一丝痛苦。他们听到你的声音会热情回应，声音温暖，手臂挥舞。有一家三胞的姐弟都在课堂上，两位姐姐美丽如花，嘴角微微翘起，笑意从眼角荡漾开去。

　　我还发现，孩子们坐姿安然，面部表情除了笑意还是笑意，笑意渗入骨髓——他们微笑的眼睛是天然眯成的缝儿。他们的笑，就好像一种舒缓的音乐，安抚你不安的神经，引领你到一种纯净安详的境界。

　　上课的时候，他们头的一直是抬着的，胸部挺直，双手平放在桌子上，手指触摸盲文《秋天的怀念》。当你讲到某处的时候，只听见同学们整齐翻页的声音，接着看到他们手指很灵活地触摸到某个自然段的某个词，比如文中三次出现的"悄悄地"。当理解到一定程度，开始朗读的时候，那声音干净、空灵、悠远——恍若天籁。

　　"21岁的史铁生面对自己的瘫痪，心情的确如课文所说的暴怒无常。同学们，你若是他的家人或朋友，你会怎么办？"——我这样做的目的，是引导他们体会史铁生母亲的"良苦用心"。

　　　"你要坚强"、"你要勇敢和困难作斗争"、"史铁生不要难过，将来还可以参加残疾人奥运会嘛"、"现在发明了好多高级的轮椅车，你买一辆，今后就不用发愁了，完全可以和我们一样，想上哪就上哪"……

这是我给正常的学生上课时听到过的"劝慰"。之所以会讲出许多空洞甚至浮华的大道理，是因为他们无论如何是体会不到史铁生当时的痛苦的。

听听这些孩子的回答吧——

"你现在已经这样了，难过是没有用的，要学会忍受啊。"有一个男孩说。

一个女孩说："重要的是学会面对。"

"这就是命运，埋怨是没有任何用的……"还有人这样说。

在说这些话的时候，他们是那么安静，语调是那么平和——这就是"同命相连"的共鸣——这些话的内涵，恰恰与母亲无声的行动中所包蕴着的，深深契合。猛然感觉到——这些孩子无须我的"引领"——他们比正常人更早就悟出来了活着的真谛。

在讨论课文描写菊花一段的时候，学生们就菊花的不同颜色、开放的不同姿态，表达了自己的意见：人生活着完全可以像菊花那样或淡然，或热烈，或深沉……记得最后一排的一个男孩把菊花的"热烈"解读成："激情——无论如何，你都要活得有激情！"自然，台下爆发出了热烈的掌声。

最后，当要结束学习的时候，学生面对"好好儿活"，分别表达自己的见解。没有一个因为自己是盲人而感到自卑，也没有一个孩子发出"身残志坚"的豪言壮语。

本来，我要介绍史蒂芬·霍金全身瘫痪，只能用两个手指写字宙的"黑洞"学说；本来，我要朗诵周大观的《我还有一只脚》；本来，我要告诉他们贝多芬的双耳失聪、海伦·凯勒的双眼失明……但，本想"教育"这些孩子的我，无法不觉得自己肤浅可笑——他们比我想象的要坚强、要灿烂。

关于生命的沉重而丰富的寓意——我，只能是说说；他们，却正在用行动实践着。这节课，受教的，其实是我啊。他们给我的，比我给他们的，要多得多。

一位个子矮小的 19 岁的盲姑娘将《秋天的怀念》盲文版送给我。她温和地告诉我和大家："今天我很感动，我会好好儿活。"

下课了，孩子们笑着，一一和我打招呼，然后平静地走出教室。

【附】方红校长的回信

我刚出差一周从厦门特校回来。又看到了你的系列随笔，很令人回味。窦老师，由衷地感谢你带来的所有……

送走了你，我又踏上了新的活动旅途，今日归来，一切依旧清晰。震撼与感动，激情与希望正在柴园飞扬。希望我们的特殊学校课堂能不断地感受春风抚面，所以我们请来了充满春意的你；希望我们的特殊学生能活出与正常人一样的精彩，所以我们不断探索。作为特殊教育学校的老师，仅有爱心是远远不够的，因为这无法让我们的学生懂得坚强。作为特殊教育学校的老师，如果无法触摸现代教育的脉搏，我们的学生也将会被时代所淘汰。自立、自强不是一句空话，这是需要我们老师和学生携手共同去创造的。

享受教育，我们的学生被滋润，我们的老师在数日后的今朝还在牵挂着那天的你。特殊教育目前已不是被遗忘的角落，我们的学生也不再是只需怜悯的弱势群体。就在你上课的那个班级，有个女生曾经自豪地说："我们不是弱势群体，我们的心中比常人更明亮，我为我是盲人而自豪。"很难想象这是一句出自十几岁孩子之口的话语。她说这话的时候，是挺着胸膛的，是发自肺腑的。当老师的我们回报她的则是一片热烈而激动的掌声。很难想象当我们失去听力和视觉的时候，是否能活得如他们那般出色和优秀。

感谢你，由衷地，不是客套。感谢你带来的所有！

5 心中盛满阳光

境由心生。

如果你把所处的环境看成是魔鬼，你就生活在地狱；如果你把周围的人群看成是天使，你就生活在天堂。如果你把所处的环境变成魔鬼，你就在制造地狱；如果你把周围的人群变成天使，你就在营造天堂。

好花要有好心情赏，有好的心情才能欣赏到好的风光。你的内心如果是一团火，就能释放出光和热；你的内心如果是一块冰，就是化了也还是零度。

亚里士多德说，生命的本质在于追求快乐。使得生命快乐的途径有两条：第一，发现使你快乐的时光，增加它；第二，发现使你不快乐的时光，减少它。

因此，面对教育的系列让人不满的现象，面对自己专业成长的困惑与压力，我们要从中寻找阳光、快乐的地方——根系教育的土壤，理想滚烫于心，紧贴地面行走，激情向上生长。

怎么做？

第一，改变态度。我们改变不了事情，就改变对这件事情的态度。在一个人身上发生的事情本身不重要，重要的是人对这件事情的态度。态度变了，事情的意义就变了。"再伟大的人物，历史也不能为你折腰"。重要的是要摆正自己是一只"小小鸟"，然后感性做人、理性做事。这也许是最好的自我保护与发展。因此，当你改变了对自己、对事物的看法后，接下去的情形都会变了。

第二，享受过程。生命是一个过程而不是一个结果。生命是一个括号，左边是出生，右边是死亡，我们要做的事情就是填括号。要学会享受这个过程——无论是精彩还是糟糕。不要找最讨厌的地方去体会。这个世界总会有阴暗面，一缕阳光从天上照下来的时候，总有照不到的地方。如果你的眼睛只盯在黑暗处，抱怨世界黑暗，那是你自己的选择。要知道，凡是过重看待人生的成功、荣辱、得失的人，实际上就是把人生看成了一种占有。

第三，活在当下。活在当下，就是要对自己的现状满意，要相信每一个时刻发生在你身上的事情都是最好的，要相信自己的生命正以最好的方式展开。如果你对自己的现状不满意，怎么办？请你从事情的反面解释现状——你抱怨现状不好，是因为你没看到比现状更坏的情况。每时每刻尽量查问和审视自己的生存状况，努力做到快乐时不忘形，痛苦时不失态。

第四，学会感恩。西方有一条格言——怀着爱心吃菜，胜过怀着恨吃牛肉。一个人幸福不幸福，在本质上和财富、地位、权力没关系，而由思想、心态决定。要学会原谅你的敌人。不原谅，等于给了别人持续伤害你的机会。被别人的语言伤害了，实际上是你的念念不忘伤害了你。假使有人说，"你这人真不是个东西！"你不能跟他怄气，请对他这样说：你说得太对了，你揭示了人类的本质，人类绝对不是一个东西！你我都一样。因此学会感恩，就要养豪气而不是霸气，养正气而不是邪气；养大气而不是小气。

"眼因多流泪水而愈清明。心因饱经忧患而愈温厚"。要学会理想与现实的加减法，要努力实现"理想与现实对立最小"的幸福人生。懂得关怀，获得朋友；懂得开心，获得轻松；懂得遗忘，获得自由——就能使你心中盛满阳光。

6 无风格何以立身

有特色的教师往往容易被学生记住。

当年我上师范的时候，教物理的肖老师讲课时总是把知识放置于一个情境中，用评书的方式讲，听得我"如痴如醉"。打那儿我就想，今后一定要当肖老师那样的教师，一定要学生喜欢我。

吴非老师的《不跪着读书》专著中有一篇《呼唤风格》。文中一再强调"风格即人"。他回忆了自己上大学时的几位老师——有的连上 4 节课，仍气如雄辩，唾沫横飞；有的旁征博引，竖行板书，一个问题引 10 多种说法；有的讲词曲时忽然发了瘾，当堂吟唱，余音绕梁；也有的上着课却进入了自己的境界，念念有词，旁若无人；有的捧着书本，从容念上一节课，末了忽然提出一个意想不到的问题；有的上课只逼学生提问题，如答记者问；有的信马由缰，黑板上一个字也不写，吹到下课才如梦方醒……而今身为老师的他，很是感慨于自己身边的老师——他们为师大多没有特色。

当然，在当前的环境下，教师要真正形成自己的特色是很困难的。

一个教师教学风格的培养除了受自身因素的影响，还需要外部的土壤。

　　现在，各种方式的培训多如牛毛，但教师成长的空间反而更小了。来自社会、家庭、学校、家长、学生的压力导致教师缺少一个宽容、宽松的环境，自然就缺少了培育风格的土壤。我感觉到，现在的年轻教师的成长与环境有着更加至关重要的关系，比如刚刚成长就要面对学生是否接受、领导是否首肯、同行是否理解的问题；如果参加比赛，还要面对另一道关口——行政部门的肯定。

　　刘彻还是太子的时候遇到两个老师，一个宣传儒家，一个宣传法家，当两者产生矛盾的时候，景帝的办法是把大臣召集在一起，让大家就此畅所欲言发表见解，并没有因为自己的喜好而扼杀一方。正是景帝的宽松才成就了刘彻这位汉武帝的开放。可遗憾的是，当今"景帝"的评价方法却往往把教师的个性扼杀了。其实，只是一个制度的原因——不管教师主观上如何努力，收口的还是上级的"死"的评价。

　　就我个人的经历而言，刚开始上公开课的时候，评委要求中规中矩、有板有眼。随着观念的更新，一个阶段强调一个侧重点："学科如何进行德育渗透"、"语文学科要加强语言文字的训练"、"课堂教学如何实现完美的生成"……听课教师或者评委，只是按照时尚的理念给授课人打分，也不给教师任何申辩的机会，更全然不顾教师的个人特点。人家几千年前的老师卫绾还对学生刘彻说"四季有更替，节律有快慢，声音有高低"呢。我们呢，越进步越麻烦，越麻烦就越死板，在这种形势下，教师很容易迷失自己、丧失自己，把自己当作体现某种理念的工具。

　　因而，如果教学评价的观念能创新，倡导个性化教学，必然对教师教学水平的提高、改进和发展产生深远的影响，从而更有利于教师教学风格的形成。

要形成自己独特的风格，除了要排除外部环境的不良干扰，教师自身的素质更为重要，教师要能够找到独特的自己。教学有特色的教师不一定就能成为有风格的教师。一个有特点的教师，能赋课堂以智慧，融教学以自己的独特思考，这样才能拥有风格。

电视剧《汉武大帝》中汉武大帝的扮演者陈宝国说，演戏就是演心——你必须成为汉武帝。

教师的教学何尝不是呢？教师要想使自己的教学有风格，最基本的是要找到自己，找到自己内心涌动着的智慧和激情。正如路易斯·奈泽说的：一个用他的双手工作的人是劳力，一个用他的手和脑工作的人是木匠，一个用他的手和脑和心灵工作的是艺术家——由此，你展示的就是自己独特的魅力。

在形成教学风格的过程中，教师一定要好好读书，结合实践，深入思考，把"自己的心"放进教学中去。如果说自己以前还是"机器人"，现在，我在努力创造自己的风格。

因此，从内涵上讲，我现在的语文教学强调主题性，即围绕主题建构并解构我的语文教学。同时，特别注意使自己的语文课堂具备两点——情感和思想。具体到课堂上则紧紧围绕"读出味道、读出思考"进行。一个没有特点的教师的确如吴非老师所形容的那样——一如泥胎木偶，他的语文课就像破庙里的庸僧谈禅。能清醒地认识自己，使每一节课都成为别人无法替代的、属于自己的独特存在，才能创造求真务本、去伪存真的真我风采。"独立之思想，自由之精神"，也应成为我们为师者的座右铭。我想对自己说的是，人云亦云的尽量不云，老生常谈的尽量不谈，要学会独立思考，而不是跟着风跑。对自己的教学，不要考虑完美，要考虑最有特色。如何在自己的教学中创出特色，这的确是我为师的重要追求。

此外，在一些外在的形式上也要注意保存自己的特色。《中国教育报》"名师专栏"有一篇叫《原汁原味窦桂梅》，讲的就是我的语言风格。大家看了感觉很有意思，好多朋友给我来电话说那篇文章把我写活了。这主要是基于我的语言有特色——这可能与我是东北人有关吧。我的动作呢，有人形容——绝非造作，一颦一笑，一举手一投足，很舒展自然。课堂上也放得开：听到精彩的学生发言会使劲拍拍该生的肩膀；学生幽默的表达会让我放声大笑；学生读到深情处我也跟着热泪盈眶……

"我为什么还在等待/我不知为何仍这样痴情/明天辉煌过后是暗淡/仍期待着把一切从头来过/我们既然曾经拥有/我的爱就不想停顿……"这是《汉武大帝》的片尾曲，每一次我跟着唱起这首片尾曲，都感叹"逝者如斯"。是啊，流年似水，光阴不再，过去的就过去了，没有从头再来的可能——让我们凭着对教育、对学生和对自己生命的热爱，竭尽全力，让自己的课堂，拥有风格、放出光彩。

7 找回失落的童话

——写在安徒生诞辰 **200** 周年之际

生命里会有积雪的时刻，也有绿草如茵的时节；有欢笑的脸庞，也有哭泣的容颜；有幸运的项圈，也有残酷的魔掌……"

——安徒生

安徒生是否孤独依然

2005 年 4 月 2 日是汉斯·克里斯蒂安·安徒生的 200 周年诞辰纪念日。从年初开始，纪念活动就在丹麦展开了，一切将在 4 月 2 日的首都哥本哈根达到高潮，届时到场的贵宾除丹麦女王外，还有来自世界各国的"安徒生大使"。中国的"安徒生大使"是姚明。

好一场充满"喧哗与骚动"的游戏。人类似乎有追逐热闹的天性，哪里有热闹，哪里就少不了喧哗。从本质上来看，这些纪念活动就是一场游戏——是否有人关心儿童对此怎样想？儿童的阅读兴趣是否因此而提升？

真正的安徒生根本不活在所谓的纪念活动当中。100 多年前，安徒生在孤独中死去；100 多年之后，在全球化的娱乐活动中，安徒生"再死一次"。"安徒生大使"虽然担负着推广安徒生的责任，但是他们个人和安徒生实在没有太大的联系，一切都是因喧闹而来，随喧闹而去。

很多人都号称是读着安徒生童话长大的，但真正读完了《安徒生童话全集》的读者大概没有几个。我虽然是个语文教师，但也没有读全。对于一个只读过《海的女儿》和《卖火柴的小女孩》之类作品的读者来说，安徒生的形象根本就是不完整的。

如果真的要好好纪念，那么关于安徒生、关于儿童文学，我们其实有太多的事情需要去做。比如提升安徒生童话的阅读率，比如提供适应不同年龄阶段的安徒生童话读本，比如……。当然，我们还可以搞一个关于安徒生的"知识竞赛"。但即使是这些，我也未必都能做到，所以，感觉自己也没有资格大谈安徒生。

作为对孩子的阅读负有重大责任的语文教师，震惊并惭愧于这样的话："一个人离童话有多远，离文化就有多远；一个国家离童话有多远，离文明就有多远。"

现代化的"现代"带来了什么

> 绿蚁新醅酒，红泥小火炉。
> 晚来天欲雪，能饮一杯无？
> ——白居易《问刘十九》

可以想象，在温暖、明亮的室内，主人偎着火红的小泥炉旁，持书而待；外面天幕低垂，层云堆积，时有朔风起，欲卷落仅剩的几片枯叶，雪欲下又止……忽然一袭青衫从远而近，长剑斜倚，漫吟而至。于是两位好友举杯共饮，亲切叙旧，顿时酒香、笑声溢满小屋……

然而，这样温馨的感受今天是否还会有？朋友的交流完全可以用手机实现，或者用短信、E-mail，人的感情变得直接和透明，不用"红泥小火炉"，也用不着"新醅酒"……

其实，早在几十年前，沈从文在《长河·题记》中就写道："1934年冬天我……转到家乡凤凰县。去乡已经18年，一入辰河流域，什么都不同了。表面上看来，事事物物自然都有了极大进步，试仔细注意注意，便见出在变化中的堕落趋势。最明显的，即农村社会所保有的那正直朴素的人情美，几乎快要消失无余，代替而来的却是近20年实际社会培养成功的一点惟实惟利的庸俗人生观……'现代'已经到了湘西……"

实用主义的深处，让我们看到了这一切永在的宿命与我们悲剧性的历史。"冷漠"与"快餐"成了我们孩子身上的标签。

当年我让学生读童话的时候，就有位家长对我说："童话能当饭吃吗？有那个时间我还不如让儿子背几个英语单词呢！"

现在，我们的社会动不动就高喊今天的孩子太苦了。的确，"应试"的压力，时代的高歌猛进，使我们的孩子成长得很苦。不过，我赞成曹文轩的看法，即一个时代有一个时代的"苦"。正如他感慨的——看看我们的孩子，他们所经历的"痛苦"或者"苦难"严重缺乏深度。

"他们吃的苦是一种现代病！"我说。社会给学生的要是真正的苦，而不能因为"应试"压力而跟着孩子的感觉走，孩子喜欢什么就让其"为所欲为"——那只是一种轻浮的快乐。快乐不应该是无边的。他们本来应该承担的责任，应该受到的锻炼以及磨难，都被错误地简化成为父母或社会给予的痛苦。这是精神上的"软骨症"。一个处处养尊处优，处处受到呵护不受半点批评的孩子是不容易被感动的。

是的，要捍卫童年，要让孩子像孩子。为此，一定要为孩子奠定一个一生安稳的精神基础，给他们一生的精神保险；要小心储存起孩子的童年，让他们一生富有，童心跳动一辈子。

鲁迅在《呐喊·自序》中谈到，最初选择文学事业是因为他认为，对中国来说，第一要义是要改变国人的精神，而最善于改变精神的当然是文艺。在鲁迅看来，民族危机在于文化危机，文化危机在于"人心"的危机、民族"精神"的危机。这是一种由外向内的追索，追到"本根"上，就抓住了"心"这个核心概念：亡国先亡人，亡人先亡心；救国必救人，救人必救心。

在对人的精神现象的关注中，鲁迅显然更倾心于"文学"，这是因为在他看来，要改变人的精神，首推"文艺"。各种题材的文艺作品是自有其针对性的，对于儿童而言，童话，正是他们生命的基石。

在这纪念安徒生的日子里，我更愿意看到更多的老师引领着孩子读童话——这是对伟人最好的纪念，也是对自己生命作根部的滋养。

8 我们的语文怎么啦

前几天学校进行语文抽测，有道题是让学生写出自己喜欢的格言。结果，不少学生写出的是电视广告语。

还有一道题，是关于"口语交际"训练的。

1. 作为一名有同情心的中国小学生，你对饱受战争摧残的伊拉克小朋友的美好祝愿是：＿＿＿＿＿＿＿＿＿＿ ＿＿＿＿＿＿＿＿＿＿。

2. 当同学借你 10 元钱久久不还，而你现在又急需要这笔钱时，你会礼貌地对他说："＿＿＿＿＿＿＿＿＿＿ ＿＿＿＿＿＿＿。"

结果呢，有的学生的"美好祝愿"竟是"祝你好好学习天天向上"、"没什么大不了的，要挺住"等大话或没感情的话。至于第二小题，基本看不到孩子"礼貌"而"艺术"的表达。

有语文教师感慨，现在的学生感情越来越粗糙，描写的人、物还有事情，缺乏那种细腻和温柔，有的虽然语言优美，但华而不实，缺少真正的能触动自己感情的语言。

我们的语文怎么了？

首先是语文教育自身出现了问题，存在两个严重的缺失：一是语文的工具性掌握得不好，二是人文性严重失落。

成长是人生的母题，也是文学的母题。每个人无时无刻不在成长。首先是生理层面，指作为个体的人所经历的童年、少年、青年、壮年这样的生命生长发育的自然流程；其次就是心理层面，指个体的"小小心腔充满的看不见的东西"。然而，这小小的"看不见的东西"学生到底有没有？有多少？还真是不得而知。

现在，学生多的是调侃、发泄或是愤怒，而悲悯情怀正被废弃。

难道是因为语文课堂对人性和普通人的情感的漠视造成的？如果把板子完全打在我们语文教师身上，那是会让我们感到委屈的。

过去，我们一提起语文课，就会想起"文以载道"，想到标准的"中心思想"，想到刻板的说教。我们语文教材虽也选进了《卖火柴的小女孩》、《丑小鸭》和《皇帝的新装》等作品，但只记得当年教师教学的时候，联系的都是社会批判方面的内容。一个孩子奇妙的想象、纯真的梦想和柔软的内心，就在这样刻板、僵硬的教学内容的"磨砺"下，全被磨损掉了。可见，需要警惕的是，过于关注教化功能，将把语文教育拉回"文以载道"的老路上去。说到底，语文就是语文，它与缪斯心性相通，而不是教化的工具。

现在呢，孩子没有时间在童话的蜜罐里尽情地浸泡——语文已经几乎被拧干，剩下的多是为了考试而准备的东西。再加上英语、信息等科目的填塞，像兴趣、想象、愉悦等与文学相关的东西，统统被赶出了语文课堂。

看看我们的课堂，学习每篇课文，老师几乎都要把学生引向对做人道理、思想教育的讨论，而这种讨论又往往以牺牲阅读的快乐为代价。美国诗人惠特曼在他的《有一个孩子向前走去》中写道：有一个孩子每天向前走去，他看见最初的东西，他就变成那东西，那东西就变成了他的一部分……没有文学的相伴，语文教育留下的将是缺乏想象力和没有趣味的一代。

阅读时间无法保证，也是个问题。就我女儿来说，爱读书，可就是不得空闲，因为将要上高中的她必须要完成许多试卷。作为孩子母亲而且是语文教师的我，也是没有办法，因为孩子必须要考上一个好高中。中考的内容基本上也考不出一个小小的"看不见的东西"——所考都是看得见的，而且如我女儿老师说的，必须是正面的，必须开头精彩，结尾升华——老师判卷基本只看开头和结尾……

语文教育要向文学回归，首先要对语文教育的目标有清醒的意识。

好几位专家强调语文教育有三个层面：一是语言文字，主要是语言的实践和运用；二是语言文学，这是比较高的形态，关注学生的精神、态度；三是语言文化，是让学生对世界有独特的认识。这三个层面是互相关联的，且都无法离开文学因素的支撑，也都指向一个核心目标——让学生对世界、生活多一种文学的把握方式，而不仅仅是功利的、实用的。

9 | 语文老师碎语

1. 永葆激情

生命与激情同在，岁月与青春同行。这是生活姿态，不因年龄的增长、环境的改变、地位的升降而改变，并最终由表象内化为一种精神气质。

2. 读书养气

教师的专业化发展，要求我们有底气、大气、灵气，即要有精深的专业知识、开阔的人文视野、深厚的教育理论功底，锲而不舍，孜孜以求，涵养浩然之气。

3. 张扬个性

特色就是卓越，卓越就是魅力。人云亦云的不云，老生常谈的不谈。静心观察，潜心思虑；锐意改革，开拓自省；创意教学，形成风格。

4. 合作共进

激烈的竞争环境，强调个人发展；和谐的现代社会，则要求真诚的团队合作。沟通心灵，理解他人；倾听意见，分享经验；心有多宽，路有多远。

5. 勇于璀璨

教师是演员，但不能迷失于形式。课堂，既要有动感风格，又要有创新活力；既能引领学生成长，又能演绎教师魅力。教师，就是学生心中的璀璨恒星。

6. 内省致远

内省言行、反思超越，是教师专业素养获得提升的内在保证。教师的言行，最终将内化为学术的性格。教师在言语和行动中思考，在反思和批判中成长。

7. 宁静致远

以澄澈之心求洒脱之态，于烦琐事外求自由宁静。坦然面对众多进修培训，潜心阅读教育经典书籍。读人家的"书"之外，更要读自己的"书"——自我，是一本神秘的大书，我们需要用一生去阅读，去书写。

8. 慎独养身

既不妄自尊大，也不妄自菲薄。视批评为激励，视诋毁为鞭策，打击你的力量就是促你前进的力量。个人独处，他人不知，没有其他杂念。慎独就是最好的善待自己。

9. 海纳百川

谦逊好学，有容乃大。学生闪烁的智慧，同行钻研的激情，前辈敬业的严谨，都是通向现在和未来美好教育境界的阶梯。无论是现在还是过去，谁走在前面，谁就是我的老师。

10. 关注细节

语文课就是一堆细节。细节决定成败，关怀彰显力量。迅捷果断、行云流水固然美丽，平静细心、春风化雨更富魅力。写字的姿势，看书的距离……这些的养成需要的都是教师的平静和耐心，等待和细心。

11. 笔耕不辍

勤于阅读，既述也作。让冲动趋于理智，让实践拥有理论根基——定格于教育情节，丰富于教育思想。这既是积累经验的一种方式，更是逼迫自己勤于阅读和思考的强劲动力。

12. 突破藩篱

对于文本，不能坐井观天、目光窄仄，走出"围场"方可豁然开朗：引学生走进广袤的生态之园，聆听思想的拔节，呼吸生命的气息，使课堂成为思维激荡、灵感勃发的语文的"场"。

13. 超越教材

教材是例子，经典的文字，定要怀着虔诚的心情走进；教材也是引子，对有些课文，无需"多情"挖掘，而是引发、升华。一句话，我们无权选择课本，但我们必须清楚怎样使用它。

14. 善待写字

字，人的第二容颜。汉字是尊严，书法是国粹。而今，键盘代替了钢笔。若说笔顺不必强求，造型、运笔不必苛求，是否辜负了祖宗造字的苦心？不敢想象。

15. 咬文嚼字

古人学古文，需沉潜讽咏、咀嚼滋味；今日学白话文，是否也要一字一句玩味义理、推敲辨析？这需要慎重思考。当下，要么"不读"成群，要么"傻读"成片、"泛读"成风。孰是孰非，需要与时俱进地看待。没有"语文"的语文课不成，只有语言与文字的语文课也不成。

16. 何为公开

公开课何为？这边刚倡导"合作"，那边就旋起了"小组学习"风；这边刚提多媒体教学，全国便普开课件花……我们关注的应是学生的真实，而非评委们的打分牌。风行而至的教育理念，不是成为单调惟一的判断标准，而应渗透、内化为积极有效的教育实践。

17. 冷看"质疑"

读而见义，品而生疑，辩而晓明，这是阅读教学的不二法门。但刻意追求学生的主体地位，为质疑而寻疑，为释疑而答疑，低质量的"兜圈子"，是低效低质的。深而真的"感"永远比细而碎的"懂"重要。

18. "黄金分割"

过分强调"自主、合作、探究"，而将学生主体性置于绝对化地位，势必造成学生永远在没有阻力的平地上简单滑行。教师要勇敢地拒绝各种"看起来美丽"的形式，考虑怎样实现"讲"与"不讲"的"黄金分割"。

19. 如何阅读

阅读，既需阅览大量的课外书籍，也要诵读一定的经典文本；既不能"课内阅读课外化"，也不能"涵咏阅读线条化"；既要创设阅读氛围和提供阅读时间，也要培养阅读兴趣与指导阅读方法。

20. 角色定位

教育，不变的永远不会变，改变的必将会改变。语文创新不是推倒历史，更不是在沙漠上建设大厦。反思审视过去，继承发展现实，创新开拓未来——其理性的状态是，永远把自己定位为教育海洋中一颗微不足道的海星。

10 | 年年岁岁，岁岁年年

"年年岁岁花相似，岁岁年年人不同。"是啊，相同的是每学期期末都要和同学们进行一番总结；不同的是，每回的总结话题应该不同。这回，我想和大家回顾一下自己这一学期里的感受，看看自己是否过得幸福。

做一朵爱思考的丁香

丁香是我们的校徽。丁香树就是我们的学校，每一簇花穗就是我们的班级，每一朵小花就是你自己。这一朵朵、一簇簇构成了整个校园的独有生机。

花朵的外表虽然很美，但你的内心是否震颤？当风吹来，你的小花瓣是否能展开笑脸？当风雨来临，你的花蕊是否能承受？当露珠滴落在你身上，你是否会小心守候？如果是，那我说，你是一朵会思考的、有生命的小花。

若果真如此，则在学校举行的"三层次"教学研讨会上，以及在你平时的每一节课中，你一定会思考：教师为什么非得按教参要求一步步教学？卷子的题型能不能更有趣、更有深度？今后能不能不做这些枯燥陈腐的卷子？语文课堂能不能多读读课外的东西？我的数学成绩总是不理想，可家长和老师却说我很聪明，谁来告诉我这是为什么？……

课上，我有没有一次发言引来了同学们敬佩的眼光和热烈的掌声？课下，我有没有主动追着老师探究不明白的地方，哪怕只是一次？这次期末考试，面对成绩，无论是好还是差，我是否理性地分析过获得这样结果的原因？我想过下学期或者以后应该发扬的优点和应该坚决克服的问题了吗？当老师或者同学们批评我或者赞扬我的时候，我是否被感情麻醉，要么大发雷霆，要么得意忘形？

原来，幸福就是不停地思考，且行且思、且思且歌，而不是停留在房龙小说中所说的"幸福地愚昧着"的层次上。一学期下来，你的个子长高了，你的思想如果也在长高，那么，我祝贺你！帕斯卡尔曾说：人只不过是一根苇草，是自然界最脆弱的东西，但他是一根能思想的苇草，思想的纤维可以让这苇草更结实。所以，从这个意义上说，你是幸福的！

让个性和特长成为你的通行证

就拿我来说，和有些教师一样，喜欢读书也爱写作，喜欢自由、不喜欢被束缚；喜欢独立，反对人云亦云；喜欢创新，烦闷一成不变；我追求做事的高效率，抵制磨蹭和形式主义；我要求教师的课堂有"家常味道"，坚决打击假冒课堂；我要求教师不断进行课后反思；我性格开朗有很多朋友，却喜欢独处；我喜欢深入、理性地思考问题，却喜欢用感性的文字表述观点；我很累，但我没有忘记打扮，只要有时间和心情，我都要和年轻的教师一样，换一换装，打扮打扮，做个"美丽成熟"的女教师。——所以，我是幸福的。

原来，"幸福"也有自己活着要与别人不同之意。所以，亲爱的同学们，现在，让我们静心想想，你究竟和别的同学有哪些不同？你的独特之处是什么？

你爱读书吗？本学期你读了几本书？去了几次图书馆和图书商城？你是因老师逼迫或家长催促才不情愿读书的，还是主动减掉了吃麦当劳的钱去买书来读，并且带动了你的父母、同学甚至你的老师的？如果是后者，那么你真的读出了能和别人分享的幸福。

再看看大队部搞的二年级"古韵诗魂"的朗诵，学校合唱团、民族乐团的演出，新年联欢会上电子琴、小提琴、萨克斯的精彩表演，以及本学期学科竞赛月中同学们单项技能的突出表现。当然，还有这个学期每一次升旗仪式上的颁奖，那些获得名次的学生，就是用自己的独特实力赢得了你们的掌声。这个世界，人是靠特长吃饭的，而不是靠爱好吃饭的。所以，我要问你：你有一项艺术爱好吗？你的爱好达到什么程度？如果说，你的爱好达到了一定的程度，那么，这就意味着你起码有一项和别人的不同。

俗话说，"艺不压身"，但，我还要问你，你的"学艺"是否成为负担？你们的身心就像弹簧，有一个弹性限度，超过了这个弹性限度，弹簧就会扭曲，也就是说你们的身心就会无法得到艺术的熏陶，从而得不到艺术的涵养。所以，我要提醒你的是——如果以失去好奇、兴趣、想象和主动追求为代价，换取没有生命激情、没有创造力、没有爆发力的枯燥练习，那么，赶紧停止，哪怕家长逼着你。

在规则的脚印里种花

有了岸的约束，水才会优美地流成河——我常用这样的比方来形容规则与我们的行为的关系。我们常说，习惯决定性格，最终决定命运。习惯并不在教师和家长的嘴中，也不在学校每天的检查评比里，而是隐藏在你每天行走校园的脚印中，孕育在看似平常简单的细节里。

对照自己走过来的脚印，看看这学期的路走得如何。比如，你的听课姿势是否很合适，别人发言是否能静下心来倾听了？玩游戏要公平，不动手打别人，你做到了吗？你说话的时候是否声音尽量放低了，而且柔和亲切？你走路靠右行吗？是不是拔腿就跑的那种？你经常整理自己的书包、清理自己的书桌吗？不是自己的东西从来不拿，小饭桌的饭盒送回原处，上完厕所冲厕，地上有纸马上捡起，中午安静地小休片刻……这些你都做到了吗？

如果你能，那么走过这学期的你一定会有一种荣誉感。这一路上，一边是琐屑的做不完的作业，一边是需要参加的各种活动。什么作文、奥数等课外补习班，又抢占着你的时间和精力。那么，在这些细节中，你能做到其中的一些真不容易啊，所以我理解你在受约束的成长中所有的苦恼和委屈。不过，我们必须追求这样的行走方式，这是需要与坚持和耐力相伴的，也是将来成就你的关键。

大家都看过篮球比赛。在中国的 CBA 联赛中，我们看到的更多的是球员循规蹈矩的动作、有板有眼的投球，但总有一种伸展不开的感觉。再看看美国的 NBA 联赛，自由而激情四溢的发挥，纵横驰骋的跑跳和夸张变形的投篮动作，令人眼花缭乱但却赏心悦目，甚至让人目瞪口呆——然而，这一切都是建立在篮球规则基础之上的。

世界之所以能正常运行是规则的功劳。怎样在规则的脚印里开出属于自己的美丽的花儿，也许这是这学期以及下学期，甚至一辈子要探寻的路。

有颗感激的心真好

学校德育处曾搞过"学会尊重"的主题活动，我还应邀写过《生命因感恩而美丽》发在校报上。我曾在同学的作文里和发言中读到、听到同学们关于感恩的感悟，也曾听到前几天祝老师在广播里伤感地向大家讲述印度洋海啸、地震的悲剧。看来，这个世界太需要温暖了。但是只要每个人有一点热度，那么就会形成很高的温度。心存感激，是有高度修养的心灵才能结出的果实，在低俗和丑陋中你根本找不到它。

想想这学期，你有没有最需要帮助的时候？那时有没有家长、老师或同学、陌生人向你伸出援助的手？在茫茫的人海中，谁是最关心你、最疼爱你的人？如果你出门在外，是谁总在牵挂你、惦念你？平常的日子，是谁总是盼着你回家，等着你吃热腾腾的饭菜？在你不写作业的时候，是谁最着急？在你最高兴的时候，是谁比你更高兴？在你最痛苦的时候，又是谁比你更痛苦？在你最失落无助的时候，是谁来安慰你、鼓励你？在你最孤独寂寞的时候，又是谁来陪伴你？

试想，如果没有了他们的帮助，你的学习和生活将会发生什么样的变化！所以，下面我要问你的是：你常惦记你的姥姥、奶奶吗？你常心疼你的爸爸妈妈吗？你理解老师对你的苦口婆心吗？你时常跟你的家人、朋友和老师有说有笑吗？你知道爱你的人的生日吗？

前天，操场上有几位低年级的学生在玩耍，他们看到赵校长走来，便不约而同地向她问候。这一句"赵校长好！"顿时化解了校长心头的烦闷：我没有自己的班级，可是新年的时候却仍然收到曾经教过的作文班学生的贺年卡。这样的学生能不爱自己的老师吗？能不爱自己的父母吗？

"报效祖国，回报社会。"此话说得很响亮很堂皇，但我要说，绝不是每个人都有这个机会和资格的。而有些人没有这个能力和资本，是因为他们没有文化，没有特长，没有思想，没有良好的习惯，更没有一颗感恩的心……

前途似海，来日方长。学习、反思、遵守规矩是一辈子的事情。那就让这样的"星空"照耀我们吧，从而让我们更好地在假期里反观自己，梳理自己，展望自己，全力以赴读几本书，思考几个有价值的问题；春节期间多多问候那些你关注的人，哪怕只是一句温馨的祝福。在开学的时候或者将来，在让我们感到骄傲、感到自豪的地方幸福地相会。

（此文是 2004—2005 学年上学期期末总结发言）

第三辑

日本教育管窥

1 | 日本养护学校见闻

我在日本参观了两所养护学校。

先是筑波大学附属久里滨养护学校。这所有着 30 多年的历史的学校，目前致力于自闭症养护研究。学校最大限度地提高儿童的可能性和开发其潜能，针对每个儿童的具体情况进行教学。除了正常的工作，这里的教师寒暑假也要进行各种培训活动，还担当对家长进行计算机技能培训以及养护机器的工作。

每天早晨，校车把一部分身残或者智残的儿童带到这里，进行全天养护。9 点钟，教师在幼儿园、小学部、中学部分别对这里的孩子进行全天的早会布置。为了让患自闭症的孩子看明白，听清楚，老师们采取口头讲解和贴图或者文字阅读的形式，让他们明白今天要干些什么。

这里的 44 名学生，从 3 岁到十几岁不等。看到他们的动作和模样，就会立刻让你的心揪起来。

白发苍苍的校长来了。鞠躬后，他便开始介绍这里的办学情况。全国有 500 多所这样的学校，由于教育法特别关注弱势群体，所以加上聋哑或者盲人学校，这样的学校大概有 1000 多所。学校的一切费用，完全由国家支付。在这样的学校，不仅采取一对一的教育，还专门为每个学生设立养护档案，并制订相应计划以及措施。

在校长介绍时，画面上出现了一个男老师让一位学生认识数学中的"4"的场景。教师的电脑课件里出现了四个方块模型，下面是数字判断，如果孩子点击对了，屏幕上就出现祝贺的字样。这时，孩子从"1"开始数，当数到"4"的时候，一点击，电脑的掌声和教师的掌声同时响起，随即教师和孩子互相击掌，然后老师又将课件恢复原来的样子，让孩子重复做一遍，进行强化。最后，老师拿出几个真正的方块，让学生摆出电脑屏幕中的方块摆放情况……

就这样，一个"4"，学生终于认识了。

第二个镜头是孩子们吃饭的情景。有个别孩子不吃，老师便耐心引领他们前来取餐，只要孩子自己能拿，教师就让他自己取食。只见画面上一个女孩子自己盛汤成功的时候，老师也是报以掌声——告诉她她很能干。在这里，只要学生能做的，就尽量让他们自己尝试，不怕他们做失败。

第三个镜头是星期五开展的亲子活动。下午来接孩子的家长可以和孩子一起做游戏——借机把这样的理念带回家——要想办法和孩子交流，让孩子玩起来。当我询问家长是否愿意主动把孩子送来的时候，校长肯定地回答：是自愿的。（这正是我国家长和日本家长的不同）

最后一个镜头是，这些孩子到普通学校，和正常的孩子进行交往。过马路的时候，老师都是一个一个指导，以便孩子今后自己过马路的时候不至于出现障碍。

在冲绳，我们又参观了一所幼、小、中一体的丘镜养护学校。这是一所规模很大的学校，共有 140 名学生，150 名教师。在和日本教师的交流中，我们知道政府对养护学校的投资是对普通学校的十倍。40 年前残疾儿童不上学。1979 年日本法律规定，无论儿童身体残疾到怎样的程度，都应该享受一切受教育的权利；如果有些孩子不能来学校上学，教师要到家里辅导；如果孩子在医院住院，教师要到医院给学生上课；只要条件允许，家长可以要求自己的孩子和正常儿童一起就读——所以有些学校也专门设有养护班。

对养护学校的投入，政府每年要拿出 11 亿日元用于教师的工资和校园建设。因此，这里的学生享受的一切，尤其是教育，甚至比正常儿童享受的还要好些。

在丘镜学校，我们看到为学生准备的饭菜就有 5 种。因为有的只能吃流食，因此必须把蔬菜水果捣碎，还要一点一点地喂给他们。能自己吃饭的学生，使用的勺子和桌子的形状都是不同的，洗漱的喷头形状也完全不同。还有特别的厕所，专门给不同残疾的孩子使用。

我们离开时，学校特地安排了表演。表演开始了，残疾的孩子们不断用汉语向我们问好。初中部的孩子们专门为我们表演了"丰收鼓"——看到老师和孩子一起合作敲击大鼓、小鼓，看到连头都抬不起来的儿童还在用手挥舞，听着一个叫吉田的四年级小孩给我们用竖笛吹奏的《爱我吧》——我们泪不自禁。

对话中，能说话的残疾儿童显得自信大方。

有的问："我愿意吃你们中国的青椒肉丝，还有炒饭，请告诉我，辣的菜还有哪种最好吃?"

"你们中国的小朋友几点上学?"

"你们中国有养护学校吗?"

"你们都住在中国的哪些地方?"

"你们知道日本歌曲么，能给我们唱一曲吗?"

有的孩子提问时，明明知道自己必须要老师搀扶，但没想到我还是看到两个孩子把老师推在一旁，自己用手先支撑着，然后再使劲地站起来——既是一种礼貌，更是一种坚强!

在结束的时候，一个男孩代表发言，他在发言中坚定地说，2008年一定到北京看奥运会……

他们的脸上写着快乐与顽强，他们的语言洋溢着对生活的热爱和对未来的向往，正是由于这所学校的人文培养，这里的孩子们才显得自信自强，心灵健全。所以，他们学校的学生参加非残疾学生的国家运动会都能获奖。

上苍给每一个人生命，然而每一个生命却如此不同，面对这样的儿童，我们的心愿就是让他们享受和正常儿童一样的最美好的生活，哪怕他们当中有的根本不懂养护者的苦心——校长内心复杂地说。

【后记】

我想起了我所在的学校也有如同养护学校学生的的孩子，也有患自闭症的学生。比如现在一年级（4）班的一个孩子，每天家长都要陪同前来上学，一直跟着到放学。还有二年级（4）班和（5）

班的两个学生——上课的一切事情好像跟他们没有关系，随意在教室里走来走去——自己不时地还笑起来……

我们的老师很辛苦——全班有几十个孩子需要照顾、管理。对于这样的特殊儿童，就不可能像日本老师那样专一了。

久而久之，这些孩子由于得不到专门的养护，就会越来越糟。有的家长认为孩子和正常孩子在一起有利于成长，其实这是偏见，个别的心灵、心理问题必须个别对待。

目前，北京只有针对残疾儿童的学校，政府还没有专门设立自闭症养护学校。仅有的一所自闭症养护学校，还是一位自己孩子有这方面问题的先生创办的。想想我校那几个特别的孩子，再看看这里的孩子享有的现代化的条件设施——专门的教师，专门的教室，就连厕所的坐便器都是热乎乎的——我们的那几个孩子就这样被"弃"在那里了。

我想，全民族素质的提高，不是依赖培养几个"人中王"；一个国家的富强，也不是光培养非凡的人才就可以的。其实，每一个人都需要我们去善待，教育不是竞技体育，不是让受教育者优胜劣汰，而是让每个人都具有享受幸福和自由的可能。

2 | 教育公平,我该怎样安顿自己的灵魂?

半个月的日本之行,走的地方很多——东京、横滨、广岛、京都、奈良、冲绳,以及冲绳的各个市,可以说走了日本的大半领土。无论是在首都,还是在中等城市,甚至是在冲绳——日本最南端的一个小岛,最大的感受就是教育的公平。这真是应了井出敬二公使说的——日本的教育体现公平,人人享受平等的教育。

没有明显的重点与非重点学校的差异

走在日本的中小学,除了私立学校略显豪华之外,其他学校看不出有什么大的区别。比如,在东京的小学看到宽阔的体育馆,在冲绳农村的一所小学——知念小学——同样也能看到宽敞的体育馆;在横滨的中学看到同学们在实验室做实验,在冲绳的农村学校——潮平中学——一样也能看到学生在设施齐全的实验室里研究化学。日本对任何一所学校的投资都是一样的——国家拿80%,当地政府拿20%。

我国呢,由于资金投入不足,自然存在对重点与非重点学校资金投入的不公。为了能够"得宠",我们的地方学校想尽办法,千方百计把学校弄成什么"市示范学校"或者"省重点学校",等等。我所知道的一所学校,为了硬件达标,硬是把一个网吧的电脑运过来充数……想想我们平时迎接的督导检查,或者其他什么抽查,扪心自问,哪一项事先没作充分的准备?

《南方周末》的一篇文章中有这样一条令人难以置信的消息:2003年9月9日至21日,联合国专员托马舍夫斯基考察了中国的教育状况,结果发现,中国的教育经费只占国民生产总值(GDP)的2%,而政府预算只占教育总经费的53%,剩下的47%则要求家长或其他来源填补。我国的财政性教育经费占GDP的比例,长期低于发展中国家4%的平均数,而实际经费又低于计划值。据统计,自1993年以来各级政府实际少支付的教育经费超过6000亿元。且农村的教育经费长期由乡镇政府承担,而乡镇财政又无力承担,这也就是要农民自己负担。

为了生存,名与利的角逐,由公然的不公平、歧视造成的种种腐败、黑暗也就在教育领域应运而生了。

我原来的学校,是省重点小学。曾经听教育局长说过,一定要打造好这所重点小学,该投资的一定要投资——所以我们学校的教师身价自然高贵起来,学校发展就越来越好。那里的教师得到的实惠很多,比如,工资要比农村教师多很多,评职称的名额很多,参加教研活动的机会多,荣誉自然也就得到的多(而这往往和经济利益挂钩);更重要的是,这里的条件很优越:农村很少有电脑,但我们这里可以用电脑;卫生间是冲水的,可是,在农村,有的还是茅厕。

我在农村长大,深知由于城乡差别太大,我们城市的中小学和农村中小学的差别特别大。即便是同一个农村地区，城镇小学和边远地区的中小学，以及重点和非重点学校之间的差距也大得不得了。比如，有的县，改建几所重点高中花掉的费用就得上亿元，可是贫困乡镇的中小学连粉笔等基本开支都难以得到切实保证。宪法所宣扬的公民拥有的平等受教育权在哪里？教育经费的严重不足、教育资源的匮乏就必然造成千军万马争过独木桥，大批孩子被挤落、被淘汰的惨况。仅中考关，就有40％—50％的学生被淘汰，而在被淘汰前，已有许多孩子因厌学、逃学早离开了学校。所以现在中国社会出现了新的"下岗工人"——初中、高中、技校，甚至大学毕业的待业人员。这些人长期"滞留"的后果会怎样？

有人辩解说，这是因为我们中国人多、国家穷，要先发展经济，才能发展教育。这真是缺乏远见的谬论。日本是亚洲国家中率先实现现代化的，他们走的恰恰就是教育优先的道路。这是从150多年前的"明治维新"开始的。明治政府刚成立，就派出由政府所有主要成员参加的考察团，到欧美考察，历时1年零9个月，"求知识于世界"。回国后，全国上下形成了"发展教育最优先"的共识，教育经费在国家预算支出中最多。经过短短10年时间，日本国民识字率就猛升到90％多。第二次世界大战日本战败后，国民经济已处于衰败的境况，甚至不敌当时的中国，日本却提出了科教兴国的方针，这对日本经济飞跃发展产生了重大影响。

值得反思的是：改革开放之后，我国经济正连年快速发展。我们能兴建耗资巨大的世界级超大型的三峡工程，在全国修建高速公路，甚至还要修建高速铁路，为什么我们的教育经费增长速度却如此缓慢呢？据教育部政策发展研究中心测算，中国每年只要多投入

500 亿元到 600 亿元，就可免掉义务教育阶段所有的收费。我们真的就找不到关系到我们民族发展命根的这笔费用吗？

高考录取对每一个人都公平

在立球阳学校，校长告诉我们，在日本的学校，学生高考享受一样的待遇，而且有两次报考的机会，即使考不上，学校也帮助寻找出路。（全国普及九年义务教育，高中率已经达到了 97%，初中升学率达 100%）用日本人的话说，在日本，街头流浪的可能都是大学毕业生。

我们呢，存在严重的不公——我还是想举例子来说。比如政策上，北京和农村学生高考录取分数和录取率不公平的问题。说实话，我调入北京一个很重要的原因就是为了女儿——这样，要想考入同一院校，她高考的时候可以比吉林考生少考 100 多分。我侄女和我女儿同样在初三，高考的政策就决定了她和我女儿的"悬殊地位"

然而，更可怕的是，现在高校的收费又那么高，这势必剥夺穷人的受教育权。而在日本，如果家里很贫穷，上不起学，政府就帮助解决，而且对一些特殊儿童，国家也会想办法予以帮助，比如成立一些养护学校——在我们中国，患有小儿麻痹的严重肢残或者智残的儿童就不能到特殊的学校享受受教育的权利了，他们只好在家呆着。即便是有些地区有"弱智学校"，在理念上也是只要有吃有喝就行——至于最大限度地挖掘孩子的潜能，可能连想都没有想过。

我当年就是因为家里姊妹多，供我们上学艰辛，所以本来可以继续上高中，却考了师范——这样能为家里省钱。记得当时一年下来也就花掉家里 100 元钱左右。不过，这在现在的师范生是不可能的，因为师范也有了一定的收费——亏得当时学校收费少，如果是现在，我可能也属于上不起学的那种。很大程度上，命运就取决于你的出生地了——可叹！

教育在某些方面走向了它初衷的反面，如越来越高的学费把不少孩子隔在学校大门之外；沉重的学习负担，无休止的做题、测试、考试、课外补习，偏离德、智、体、美全面发展的要求；一考定终身造成严重后果，有的孩子因为通不过中考、高考的闸门，被逼走上自杀的绝路。

教师有流动但是为了互动

由于日本实行的是公务员制度，而且，无论是教授还是小学教师，所享受的待遇除了年终的奖金不同以外，其他完全一样，所以在丘镜养护学校，当我们北京海淀的一位校长询问校长"这里的男老师这么多，有姑娘愿意嫁给他们吗"时，老师们笑了。因为，在日本无论是刷盘子的，还是洗厕所的，还是高级服务员，只要专业技术在一个等级上，那么，无论干什么工作，工资都是一样的。所以，这里的养护教师虽然工作辛苦，但是没有人瞧不起，哪怕只有一个学生，国家也不会降低老师的任何待遇。

还有一点，就是在日本有一个特殊的政策，即如果在一所学校工作了 5 年，可以申请调到别的学校工作。这样，教师可以流动起来。校长呢，也是流动的。

由于教育的自身特点，在日本看不到年轻的教务主任，更不会看到年轻的校长或者副校长——他们的校领导必须是从事多年教育工作、有一定教育经验、还有一定学术成就的人。我国呢，基本上是级下派，有竞争也是"圈子里走过场"，而且校领导一个个特年轻（包括我在内）。更可怕的是，我国一般实行校长负责制——强调一个好校长就是一所好学校。意在强调校长的个人魅力，但是无形当中，助长了长官意识指导下的校风及其种种；从另一方面，也能反映出我们教育体制的单一和僵化。

有意思的是，日本没有什么"特级教师"、"师德标兵"、"模范教师"的各项评选。对优秀教师日本政府也进行表彰，只是给予特殊进修、晋升工资等待遇。但是，比例很少，是极特殊的。更有意思的是，也没有听说某某校长的业绩如何惊天动地——也许他们的校长个个都精彩，就显不出"洼地"了。

一位在日本教汉语的中国老师说，日本教师的工资是真正的"大锅饭"——由于教师选拔比较严，老师的素质很高，所以大家并没有任何松懈，而且都很平和，不用为什么荣誉去竞争。

在日本，优秀教师流动不大，因为工资的差异不大，全国实行公务员工资制。再加上日本整体经济水平的均衡，城乡差别不大，因此优秀教师流动少，教师队伍相对稳定。即使有流动也限于本地区，没有我们国家的教师"孔雀东南飞"的现象。

其实这也难怪，由于教师的工资太低，拖欠教师工资的现象毕竟还存在，因此，教师必然要考虑生存的问题。教师也是活生生的人啊。现在，如果有人饿着肚子喊"扎根、奉献"，恐怕内心很会感觉恐怖。

教育乱收费根本没有

在日本，国家对教育尤其是九年义务教育的费用全部负责，这必然能减轻办教育者、受教育者的负担。关于收费，日本利用家长委员会的形式进行，也采取鼓励家长捐款的方式，并利用社区的宣传为学校服务——但是，学校本身的收费没有。

我们呢？

有这样一个故事——抗战时，清华等一些大学迁往昆明成立西南联大，当时云南省主席龙云给了很大支持。一天龙云来拜访当时的校长梅贻琦，说自己的子女未考取联大附中，请求破例收录。梅校长留住龙主席吃饭，请潘光旦教务长作陪。席间要潘老师晚上去辅导其子女，等明年再考，还要龙主席付家教费。

抚今追昔，我们今天的校长是怎么对待上级领导的子女的呢？我认识的一位校长，由于"不识时务"，讲原则，弄得和教委、政府以及市委关系紧张，结果不到一年就被调走了。

我身边的校长有时候也很无奈——他们得罪不起上面——人家给一个小鞋穿就够受的。不过，我知道，一个市长写条子，这个市长家的七大姑八大姨就都可以免费，更甭提市长的司机了。虽然国家提出"一费制"的出发点是好的，可是真正的公平却没有实现。有钱人家的孩子想上好学校，却因为不认识人——学校由于一费制的原因，导致收学生相对少一些——有钱都不知道送到哪里。

目前，做校长的胆子也小了——有家长的告发，上面部门的检查。因为经费越来越紧张，教师实际上反而更拮据了。所以，从某种程度上说，根子在上面，只要举国上下什么都是公平的，那么任何高官、大款的后门都是走不通的。

明知千军万马过独木桥的高考制度存在种种弊端，我国一位著名大学的校长（现任北大校长）也只是无奈地说："这是没有办法的办法。"

一方面是教育资源短缺，另一方面是教育乱收费泛滥。过去农村小学生的学杂费不超过 10 元，现在已达 100 多元；城市里一些热门中小学的择校费或赞助费高达数万元；学校还收取名目繁多的各种费用，如强化班费、补课费、辅导材料费等等。一些学生千辛万苦闯过了独木桥，考上了大学，桥那头却伸着一只要钱的巨手，要想领得入学通知书，先要交几万元买路费，而每年的学费又高达上万。农村孩子的家长交不上这样的巨款，向学校下跪者有之，自杀者有之。即使对于城市的家长，高额学费，也同样是很难负担的。

12 月 3 日《人民日报》刊登的一篇文章说：大学学费比 1989 年增加了 25—50 倍，而城镇居民人均收入实际只增长了 2.3 倍。一位福州的家长说，她女儿大学 4 年，花掉了 10 万元。教育部门虽然多次明令禁止高收费、乱收费，但是屡禁不止。为什么呢？因为其中的好处，一些教育行政部门得了重头。中央电视台的《焦点访谈》披露，广东化州教育局用学校收费得来的 584 万元盖了自己的楼，另有 626 万元用于餐费等用途。广东吴川是个穷县，但该县的教育局竟有 17 个办公室，这些办公室都张开大口吃喝，一年的餐费高达 611 万！

据教育专家保守估算，10 年来教育乱收费超过 2000 亿人民币，如加上教材和教辅的回扣，这数字还要翻一番以上。国家发展和改革委员会公布的价格举报的六大热点，教育乱收费高居首位；据说，教育还成为中国十大暴利行业的第二名。教育历来被视为最高尚、最神圣的事业，出现如此严重的问题，亟待治理。

铺张浪费现象不存在

用我们参观人的话说，日本学校的条件、设备并没有我们中国的有些学校好，显得很破。而且，我们还发现，日本学校接待我们的时候，所搞的任何联欢活动都简朴但不失热情，摆上一杯热茶，如此而已。如果该校有学生自己的劳动作品，就给我们一份，否则只有简单印刷的学校概要介绍——类似我们学校的画册。

一句话，校园原来什么样，现在还是什么样。

可我们为了迎接外国人或者上级检查，会特意粉刷一番墙壁，学生的活动还要买服装，花气力大练一场。当然，饭口的当儿，还要到最豪华的饭店大吃一通。

打假要从浪费开始！现在各行各业的浮夸风气特别严重，变相腐败现象也是屡见不鲜，尤其是各种活动中的讲排场、铺张浪费的现象特别严重。比如建一幢教学楼的开工典礼动用的人力物力，竣工典礼的吃喝，一个校长的办公室的装备，一次校庆活动的开销，还有迎接上级检查时接待的吃喝都所需不菲，单只赠送的礼品一年也要销掉到十几万。还有甚者，校长还经常利用学校公款出国考察——自己的国情还没有研究，就跑到外面去取所谓的"经"。

所以，要想不让教师搞家教，当务之急的就是把教师的待遇真正提高上来。个别学校的教师什么小车买上、楼房住上的高工资待遇毕竟是有问题的短期存在。

现在，国家教育部对教育收费实行"一费制"——这是好的，也许将来国家像日本那样对教师实行公务员制——这肯定是更好的。为什么会这样做？也许这是针对教育不公平、教育腐败、教师待遇低、教师流动严重等导致的教育质量低的严重问题而采取的国家政策。

教育的垄断与不公平性、恶性竞争、不公开、不公正、权利失衡是因为——用杨小凯的话说，中国模仿技术、模仿工业化模式，就是不模仿制度。

受教育的权利是基本人权。现代社会的公平性在很大程度上要靠教育系统来调节，中下阶层的子女一般是通过接受更多教育的渠道来提升社会地位的，这能使社会趋于整体稳定。而我国现在的教育政策，创一流大学和重点中学的种种做法，把有限的教育资源作不公平的分配，人为地扩大原有的差距，以致现在最富裕省份与最贫困省份之间小学预算内学生平均事业费相差 10 倍，最繁荣的城市与最偏远的乡村这种差距更大。扶贫首先要扶贫困地区的教育，这直接关系到我国的命运、我国的未来。

我想，如果我们的教育体制不改的话，我们的课程改革也好，学生的素质提高也罢，只会短期繁荣、过早夭折。校长或者老师在自己的领域"造了好多汽车"，可是，教育政策铺设的却不是高速公路，可想而知，会走多远。

以上议论，说了忐忑，不说更难受。

我不愿意做教育的牺牲者，我想成为一名幸福的教师——但是，不知怎么，每天总有些提心吊胆。谁能告诉我，该怎样安顿自己的灵魂呢？

3 仅是教育本身的问题么？

11月24日上午，冲绳教育委员会的所有成员接待了我们。首先，教育厅文化课（其中的一个部门）的籔尾俊章概要介绍了冲绳的自然、历史、文化、经济等方面的情况，比如这是日本惟一的岛县，是世界上人口最长寿的地方等。接着教育长专门介绍了这里的教育情况。他说，教育必须是全民的，整个冲绳县的教育目标就是——培养振兴冲绳县的人才，努力让每一个冲绳人都有终生学习的能力。为此，该是教育委员会制定了三大目标：

学生形象——强调学生自我教育的积极性，使之增强学习的实力，拥有坚强的韧力等。

县民形象——创造和平的环境氛围，使受教育者成为积极维护社会稳定的成员，努力为家乡的发展作出贡献。

社会形象——在家庭、社区的合作下，制定教育法，推进整个县的终生教育。

我的眼前一亮，这里的教育魅力四射——触及到整个冲绳的方方面面。目前，此县已经建立了教育的十年计划，以及三年推进计划，并设置了具体的行动发展计划：

1. 终身学习制度的形成。致力于培养具有丰富内涵的终生教育意识，在要求全县县民在任何时候任何地点都参与必要的学习制度和环境的同时，整合教育资源，形成学校教育、家庭教育、社会教育等的相互合作连动，提供满足多样化再教育需求的信息和机遇，并从整体上促进各项教育措施的落实和深化。

2. 学校教育的充实。为了培养具有健壮的体魄和良好的精神风貌的青少年一代，在抓好基础教育以及推进心灵教育的同时，努力创造能保持孩子们个性的、具有特色的校园文化，促进向一定地域开放的外向型学校的建设。

3. 国际化、信息化社会的应对。在培养外语水平和对外交流能力的基础上，推进教育国际理解和国际交流。同时对应于高度发达的信息通讯社会，进一步改善、充实信息教育的方法、手段，使所有县民都具有运用信息技术的能力。

4. 青少年的全面发展。让青少年从小参与公益劳动，进行奉献、日常生活和大自然等多方面的实践体验，促进学校教育和社会教育的结合、互补。另外，特别注意在集体主义和团队教育上的效果。使青少年能发展成为有理想、有实力的少年；在社会上成为发挥作用的人才。

5. 社会教育的充实。健全、完善与社会教育相适应的基础设施、仪器设备和社会资源的整合建设，促进当地相关机构、团体之间的紧密联系以及对社会教育的支持与参与，并使社会教育成为家庭教育的有力补充，同时充分发挥社区的作用，最大限度地帮助教育有所提升。

6. 体育的振兴。完善、充实各种体育设施以及器材，培训体育教练并确保数量，形成终生锻炼的社会环境，致力于竞技体育的振兴。另外，也要培养体育专门保健治疗师，健全体育科学委员会。

7. 文化的振兴。创建感性的教育文化，增强对地方文化遗产的保存、继承和发扬，充实、完善相关文化活动设施，振兴地方传统文化，推进历史资料的编写和出版事业，为社会大众提供鉴赏高尚优雅艺术的机会，活跃各种艺术文化活动。

8. 教育行政政策。为了总体上有效、协调地推进各项教育计划和措施的落实，就必须改善教育行政机关和相关机构的紧密合作，并努力抓好有关职员的进修学习，提高其素质，保证完善福利保健。

为了落实这一规划，冲绳的教育资金投入在一年内到位，政府的投资占所有投资的25.3%，约100亿人民币，每个学生获得的一年投入大约为2万元——可我们中国，就是经济条件比较优越的北京海淀区的学生人均所获投入也才是2400元左右。

再聊聊亲眼所见——在大庭拓耶家里，除了摆放着他自己的奖状之外，还有一张是他爸爸捐助学校而得到的奖状。他爸爸曾经是学校家庭委员会的会长，为学校作了许多贡献。访问他家时，他很有感触地对我说，自从孩子上高中以后，自己参加的学校活动虽然相对少了一些，但是，由于学校专门设有家长委员会的办公室，所以还是定期召开家长委员会的碰头会，围绕家长对学校普遍反映的问题进行讨论，提出建设性的意见；学校的校长必须倾听意见，而且校长的办学理念等也要跟家长委员会讨论；在其他方面，教师和领导也受到监督和考核。学校如果有什么大型的活动或者难处都需要和家长委员会商量。比如，学校资金缺乏，国家拨款不够，而学校又无权收费，就要动用家长的力量，让家长自发为学校献爱心。由于日本家庭特别重视孩子的教育养成，所以，有些富裕的家长就主动捐献钱款以及建筑设施等。这不，大庭父亲的奖状就醒目地摆放在家里的客厅里——他们以这个为荣。

除了发挥社区的作用，推进教育的发展，还有就是提高居民的素质来促进教育的发展。在县里，社区针对家长开展"学习振兴课"，提高家长的再学习欲望和能力，使其了解当今教育现状，更新教育观念。同时，社区或者学校也经常举办社会教育活动作为学校教育的补充。比如，日本学校有一项很重要的任务，就是负责对社区居民进行电脑等信息技术的培训。总之，无论是在学校读书的学生，还是毕业走向社会的青年，还是工作的居民都有进一步学习的机会。

在大庭家的客厅里吃饭的时候，听见广播喇叭的声音。当时不知道发生了什么事情，很紧张。（因为这喇叭的声音让我联想起自己小时候农村里的广播喇叭播放的内容）来日本的这几天，觉得就好像整个城市没有人居住一样——没有汽车的鸣笛，没有人在大街上大声打电话，没有人在马路旁抽烟或者闲谈，就连这些天的彼此问候都是柔柔的。所以突然有这种声音觉得很紧张。大庭的妈妈笑着告诉我，这是向居民播报上周的财经等情况，以及下周的一些大型社会活动。

特别值得一提的是，在县政府办公大楼的一楼大厅，有好多县民终身学习的成果。比如，一排单张照片，下面的标注表明是参加县科技成果比赛获奖的居民；一排是全县摄影大赛获奖的照片；一排是县画家获奖的美术作品；一排是学生或者居民代表县参加日本各种活动获奖的照片……再看看10层的教育办公地点，"保健体育课"门外的墙上贴着的就是获奖的几位学生的照片。

再回到我们自己——我国政府办公大楼呈现的理念是什么呢？会陈列这些吗？我们的教育局的官员心中想的是具体的学生吗？门口展示过学生的成绩吗？为什么日本的校长可以安心研究教育以及学校的发展？为什么日本学校的校长必须是白发苍苍的、有一定威望的？为什么在日本必须是笔试和面试过关的人才能当校长？对于教育管理的全社会参与不能不说明日本对学校管理的格外小心。这样整体推进教育形成合力的社区不会没有强大的教育动力。

苏霍姆林斯基在《全面发展教育思想的一些问题》中曾经就家长教育的重要性做过专门的论述——

只有在这样的条件下才能实现和谐的全面的发展：两个教育者——学校和家庭不仅要一致行动，向儿童提

124

出同样的要求，而且要志同道合，抱着一致的信念，始终都从同样的原则出发，无论在教育目的上、过程上还是手段上，都不要发生分歧。生活向学校提出的任务是如此复杂，以致如果没有整个社会首先是家庭的高度的教育学素养，那么不管教师做出多大的努力，都收不到完满的效果。学校里的一切问题都会在家庭里折射地反映出来；学校的复杂的教育过程中产生的一切困难的根源都可以追溯到家庭。

我国的部分家长呢？他们自己也知道知识的重要，望子成龙的心情也很强。可是，家长都只是督促自己孩子写作业，读书，做练习，把孩子关在里屋；自己呢，翘着二郎腿，歪着身子，手拿遥控器对电视机一顿搜寻，然后选中一个娱乐节目开心地看起来。孩子呢，一点也学不下去，但是敢怒不敢言。有一天，他终于忍不住了，就偷偷逃出来看电视，爸爸非常生气："给我滚屋里学习去，你这个没有出息的东西！""哼，你让我学习，可是你却看电视，看电视肯定比读书有意思，要不然你怎么不读书啊！"爸爸哑口无言。

目前，即使在北京也没有真正落实"全民教育"。从现在进行的课程改革中，我们深深感觉到只是教育者的"自作多情"——社会以及家长的观念依然是以前的认识，他们心里想到的仍是孩子升学，上好大学，找好工作，工作后当领导。

比如，面对当今学生中出现的一系列犯罪现象，党中央提出要加强对青少年的德育教育。就教育效果来看不容乐观，而且中国的教育常常是一阵风，没有真正渗透到学生的精神世界里。教育不是开展几个轰轰烈烈的活动就能走进孩子的心里的。现实的情况导致在他们心里，似乎德育是对人家说的，跟自己无关。

再比如，学生不但听到不堪入耳的脏话，看到大街上打架的现象，还知道社会贪污、腐败现象，至于随便抽烟、随地吐痰更是比比皆是。想想吧，面对诱惑，学生是"里面的世界很无奈，外面的世界很精彩"。于是，诚信逐渐缺失，急功近利已成自然——当今的社会风气直接影响学生的德育建设，谁会相信学校德育的"鬼话"？

有的时候，我们的教育只是注重迎合世界的潮流，在表面的技能和活动上下工夫，却忽视了我国自古就有的内修、内省、内察，不能"养内以对外"。由于严重缺乏这样的理想主义的人格教育，以致于我们的学生进入到这个物欲横流的社会后，就像进入火炉一样，迅速被融化。

鲁迅说过大意是这样的话：当一个人的肌体都坏了，其中的一个"零件"再怎样好最终也会死去的。前一段在《中国青年报》上读到北京市长王歧山关于 2008 奥运会的八条担心，心里很堵。其实，从 1999 年 6 月 13 日国务院主持召开的"全教会"至今，我们感觉还是教育自己在不停地折腾。而当今的课程改革，首先要"改"家长，"改"社会——把家长以及整个社会的学习意识、思想观念提高起来。比如，要让整个社会好好弄清课程改革的意义是什么，家长应该怎么做。我想，当家长的认识和终身学习的水平提高以后，当整个社会对教育的重视程度达到一定高度以后，教育部门就不用非要推进个什么什么工程——因为其过程就是最好的教育工程。但是，学校的力量有限，政府行政部门应考虑如何让学校和社区紧密联系起来，建立通向教育的立交桥，这样，教育的问题就不是问题了。不然，在教育的过程中，往往是教育的功能萎缩，家长对教育的认识仍仅仅停留在毕业后的就业率上——最终人被异化为一台只想挣钱的机器。

中国人的前景从来没有像今天这样令人担忧，我们这个社会也从来没有像今天这样亟待提高全体国民的素养。

4 刻在日本国土上的汉字

身为中国人，走在日本的国土上，如果不细心，会觉得自己不是在日本，而是在中国，因为一个个中国字直撞你的眼睛：街道上的各种标语牌中都夹杂着我们的汉字——而且还是繁体的。即便没有，你也会觉得那简单的日本字就好像汉字的偏旁或者笔画。如果说这是细心的日本人提供的很好的方向牌，未尝不可，同时也更加证明了中国文化在日本的根深蒂固。

这也难怪，日本的文字就是从隋唐时的汉字演变过来的——看来，日本的文化，从某种意义上说，可以是中国文化的一个支脉。

日本的和服是从唐朝的服装演变来的，日本的茶道是从唐朝的茶道演变来的，哪怕是我们在冲绳县看到的龟甲墓的形状也都是完全模仿中国古代的坟墓建造的。难怪 2004 年 11 月 24 日晚上的欢迎宴会上，教育司长在致词的时候说，冲绳的着装、饮食等历史文化完全是从中国引进过来的，就连热情的态度也是跟中国学习的——太多了，受中国影响的方面数不胜数。

在 2004 年 11 月 19 日上午的开幕式上，日本的文部科学省文官在发言中说："在日本的中学、高中，学生都要学习中国的古代文学。"他还幽默地说，自己早就告别了学生时代，但是，"有朋自远方来，不亦乐乎？"至今仍萦绕心中。

休息时，一位叫宫内盈义的老先生找到了我。他在一个月前到过清华大学，也到我们学校参观过。（由于我外出开会，他没有见到我）他很健谈，谈的内容就是关于老子和孔孟的区别。他说，他推崇老子，老子之学旨在宣传自然无为地听天由命，是要人们无欲、少智、守柔、退让；而孔子强调功名，上进——"仕而优则学，学而优则仕"。

会马上要开始了，他又来了一句："老子是博大精深的！一个'道'把天、地、人万物都连起来了。"

于是我和他一起背诵了《道德经》开头的一段——"道可道，非常道；名可名，非常名。无，名天地之始；有，名万物之母。故常无，欲以观其妙；常有，欲以观其缴。此两者，同出而异名，同谓之玄，玄而又玄，众妙之门。"他用日语，我用汉语——惊得翻译直发呆。

有趣的是，日本学校的课程表中星期的表示方法，所使用的就是中国易经中的"水、木、月、火、金、土、日"。在参观潮平中学的时候，正赶上有进修中文的班级。在田中美佐子的建议以及大家的推举下，我来到讲台前和他们一起学习孟浩然的《春晓》。

还有，在参观立球阳高中学生的综合实践课的时候，有个学生在练习书法，已经写了两个字——"四面"，在学生写"楚"的时候，最后一笔的捺是我和该同学一起完成的，最后我们又一起完成了"歌"。于是，"四面楚歌"刚劲有力地醒目在眼前。

你看，这原本是中国人的东西，我们不强化，不重视，却被日本人用了，还真有点"四面楚歌"的感觉呢。

想起曾读到的一个情节：黎建南先生在日本时，去过两次日本研究者聚会的私人场所，一处叫"素侠居"，一处叫"云雪楼"。他原以为"素侠"是没有官职的文人，"云雪楼"是能够眺望云和雪的地方。后来他才知道，这是研究社的人员的精神的体现——读书人应该具有一片素心，三分侠气，才取名"素侠居"；而写社会问题评论的人应该"节义傲青云，文品高白雪"，故名"云雪楼"。当黎建南先生惭愧地对日本人说"中国的文化都被日本人学去了"时，日本人竟然这样回答："一家的宝物过了三代就应该属于国家，一国的文化过了三个世纪就应该属于全世界……"

想起"抱残守缺"，想起"夜郎自大"这几个中国发明的成语，我害怕——就是这样的成语也被人家学去作为警醒自己民族的警世语。

经济再发达，日本的教育法规定的学习英语的阶段也依然是从初中开始——他们的目的就是要先强化自己民族的文化。

只有重新审视当今的教育，做一个有根的中国人，中华民族的整体素质才会提高，民族优秀文化也才能被继承、弘扬和发展。如此，在世界民族之林，中华民族才可以存在，才可以骄傲，才能避免成为人家文化、经济的奴隶。

眼前又浮现了我在大阪国立文乐剧院观看日本艺术精粹木偶剧《假名手本忠臣藏》时背景中的几幅汉字诗句：

黄鹤西楼月，长江万里情。
春风三十度，空忆武昌城。

5 谁的负担更有价值？

当今，中小学教师负担沉重是普遍现象。那么，日本的教师负担重不重？

横滨国立大学教育民间科学部附属镰仓学校是横滨非常有名的拥有一百多年历史的示范学校，学校一直继承着优良传统和创造精神，发展至今。

上午参观的时候，我们进一步了解到学校现有规模是：在校生712名（校长介绍的时候，特意说明今天又转来一名，原有711名），6个年级18个班级，每个年级3个班级，班级标准编制是40人。

教师呢，加上校长和副校长也就25位。一问才知，班主任要教数学、语文、体育等学科——除了音乐和美术，其他学科几乎是全包。除了日常管理，每周每名教师的课时是23节。

大家都知道我们小学教师的辛苦，但是，比照课时，我们肯定没有人家的多，因为我们的教师尤其是城市的教师大都分科教学。比如我校低年级数学老师一周只有10节课，语文教师也就7节课左右。虽然日本办学规模不如我们有些学校大，可我们中国有句古话可资写照——麻雀虽小，五脏俱全。在这只有二十多位教师的学校，教师所付出的劳动该是多大？

每天，他们8点上班。校长说，其实每一位老师都是提前来到学校的。晚上5点下班，但是老师基本是不按时离开的——甚至直到很晚才回家。在日本，无论男女，教师退休的年龄都是60岁。就这样，年复一年，辛辛苦苦工作着。

下午我们参观的学校叫筑波大学附属久里滨养护学校。这是一所专门养护弱智以及患自闭症的孩子的学校。有意思的是，这所学校的学生一共为44人，可是教师却有46人——几乎是一对一地辅导这些特殊的孩子。

负担轻吗？我们参观的时候，恰巧看见一个男孩在走廊里大声吼叫，手不断地打自己的头部。教师不但阻止其行为，还用语言不断地安慰他，然后把他拉到秋千旁，荡起他——尽管如此，他的话并没有停止，头歪着，把脚都放在秋千板上了——直到我的视线离开那里，那位老师的表情依然是微笑着的。

想想，这些教师每天面对的是什么？如果是一天还能忍受，两天、三天呢？据校长介绍，对这些特殊的孩子，老师在他们身上的付出是无法用工资衡量的——精神的代价无法弥补。

但是，恰恰是日本教育提出的教师的使命感，让教师们拥有了对职业的高度责任感和使命感——他们对待工作的热情特别高。

在采访中，我们了解到这里的教师评价还没有具体的措施，虽然有成绩的考核，有对家长和学生的问卷调查。对有问题的不行的教师，副校长要找其谈话，进行帮助，如果实在不行的话，就让其自己提出辞职——这样，对他（她）今后找工作有好处。

看来，在日本，教师的工作全靠自觉——越是这样的管理，教师越是积极主动。当然，日本录用教师很严格，所以，学校的教师管理是强调自我管理的。至于像我们平时所说的"体罚"和"变相体罚"，日本教师几乎是没有的。

日本强调的就是教师的专业精神，而当教师的认识提高到这种地步的时候，教师对自己的工作要求无形地也更高了——他们所拥有的奉献精神和敬业精神可想而知。

尤其是，这样的工作有时是看不见、摸不着的。

"日本的未来，就靠这些教师了！"——陪同的田中美佐子感慨道。

从时间、从效率、从敬业的水准来说，日本的教师负担是比我们重的。

此外，潮平中学的副校长告诉我们，学校迎接各项检查的项目很少。学校的一切完全由上级教育委员会（相当于中国的督导）两年进行一次检查。一年当中，学校准备年度工作汇报材料上交教委。至于卫生、防火等设施，也由教育局委派相关部门进行评估验收。

管理教师培训的只有一个教育中心。这个教育中心负责教师的所有培训以及教研任务，而且一切都是免费的。这样，教育中心就可以整体统筹，教师能够安心、有重点地参加培训。日本的做法自有其道理。要知道，日本的小学教师和大学教师的工资是没有太大的差异的！小学教师和高级知识分子享受的基础工资待遇是相同的。我们的教师呢，要参加培训就得花钱。

更让你无奈的是——"抓"我们的部门可以说是"琳琅满

目"，什么"教研室"、"教委培训处"、"教科所"、"教育学会"……一应俱全。教师今天进入这个部门听报告，明天到那个单位接受考核，犹如四处狂舞的浪蝶，片刻不能停下来。青海西宁东城区晓泉学校的校长感慨地说，他们学校有一年除了迎接教育局的督导室、教研室、教科所、教育学会等的各项活动和检查评估，还被市财政局、妇联、卫生局、居委会检查过。

中国校长的心思除了每天应酬上级的检查，还要用于筹措资金，进行校园建设，可是日本校长的负担最主要的就是研究学校的办学思想——而不是一天到晚琢磨经费的来源。

"一个好教师不全是靠培训成长起来的，更不是靠检查、评比造就的。教师很苦很累，比如各类名目繁多的学历进修、课改通识培训，市级的、省级的，甚至国家级的教学比赛，压得老师喘不过气来。教师自由发展的空间，已被剥夺殆尽——整天忙着读人家的'书'，自己的'书'却没有读。这种过重的外在负担将导致'肤浅后遗症'。"——这是我在一次发言会上讲的。

我知道，与其忙忙碌碌，不如围绕自己的特色钻研下去，深化、细化，创造属于自己的心灵财富，在浮躁的现实中寻求到一份属于自己的宁静心境，并置身其中朝着理想的目标默默地努力，静静地成长——可是，谁给我自由的时间？谁给我静静读书的时间？

日本的教师负担重在想办法提高自己的教学质量上——让家长满意，学生喜欢，至于上级的检查、督导、教学评比、成绩考试等是不必考虑的。

对比中日教师，负担都重。只是，我们疲于奔命所承担的那些有价值吗？

6 | 这样的培训能让我们走多远？

在冲绳，看到了教育研究中心的《培训要览》。在"教育经营研修"一栏中，看到如下的培训内容：幼稚园教育讲座；中小学道德讲座；中小学特别实践活动讲座；生活指导综合研修讲座……我发现，无论是教育经营研究课，还是理科、家庭、技术课，"情报处理"（教科研）教育，IT 教育研修，产业技术培训，或是特殊教育培训等都有一个共同的特点，即基本是专家理论讲座、教师互动沙龙几种简单的形式。即使有课堂观摩，也很少。

课堂是属于日本师生自己的——教师要充分发挥创造性和探索精神，根据自己的情况，研究自己的优势以及劣势，确定努力目标。如可以采取教育相谈的方式，通过大家的帮助，研究、确定、解决自身问题的方式；再比如对教材的使用，允许选用学校选定教材的内容，也可以自己编写教材。

《培训要览》中有一张照片，是教师们交流困惑或者经验的画面。彼此的碰撞，比起"看课"，收获不知大多少倍。可想而知，他们的培训除了重视教育理论的学习外，还如此深入切实地注重"微格"培训，注重情景的模拟等训练——真正起到了事半功倍的效果。

根据冲绳教育研究中心的统筹规划，一些市区的老师会分期分批来到这里，这样就可以有针对性地集中进行培训。（我手里就保存了5张不同颜色、代表不培训内容的说明）

现在，再回过头来看看我们的教师培训。我发现，我们的各种培训，尤其是小学培训，不外乎一种形式——课堂观摩，为了符合教师口味，为了让老师马上学到手，为了立竿见影。

就拿我来说，基本是以一种教学设计面对不同学生来进行教学。不了解学生的自身起点，没有注重学生实况的课堂必然是违背教学规律的。如果有人要求我们这样的教师讲一次改换一次教案，那是不可能的，因为，我们对这些学生压根就不了解，而且即便有所了解，也是瞬间的感觉，不可能完全把握学情的。一句话，这样的观摩课，说白了就是从教师"设计"的角度出发的——老师的心里只有课。

所以，我的课上虽有"生成"的内容，但毕竟是自己在一定框框下的折腾，提高和反思的深度都不大。关于这一点，我曾在《小径分岔的花园》中写过。因此，我也不愿意外出讲课，尤其是现在，深感自己静心读书是一件最惬意的事情，也是个人修炼提高的最好手段——但却缺少时间，这是我的苦恼。

听课教师呢？

"窦老师的课真好，可是就是没法学习，没法模仿。"

"这个招儿很好，回去我就这样做。"

还听到这样的议论："这次的活动怎么总是报告啊，怎么没有课堂展示？讲这些理论有什么用？回去也用不上！"

但我们是否想过，这样的方法，适合自己的学生吗？这样的设计适合自己吗？

遗憾的是，我们只管照搬，我们只听模式。于是我们的课堂上几乎出现了同一种模式——这边用小组合作，那边就搞完全小组学习探究；这边讲体验，那边就弄出一个"情境"。

看看我们的课堂教学吧——有两次，我在北师大教材研讨会上听北京和天津的教师的课堂展示，发现教师上课的模式几乎完全一样：先创设情境，用优美或者刺激的语言引入课文，然后学生小组合作自读课文认识生字——在认识生字的环节，好像这些老师事先商量了似的，无论是猜谜的形式，还是表演的形式都一模一样——接着指名读课文，然后就进入理解课文阶段——此阶段肯定是用多媒体画面取代文字的……

更有趣的是，我曾听过的人民大学附属小学王滔老师讲的示范课，里面有学生之间互相评价的环节，比如，一个学生说得好，另一名学生就站起来说："你回答得真好，我向你学习！"如果有一个学生组词或者朗读出错了，马上有同学指出："你××处读错了，如果这样读就好了……"

如果，这样的"生生互动"只在王老师的课堂中出现，你还觉得新鲜。可惜，这样的形式在所有课堂上出现，你就觉得是泛滥！

这是什么原因造成的？看看我们从国家到地方举行的各种教学观摩比赛或者研讨就知道了。这些比赛或研讨无不给不动脑筋的小学教师提供了翻版模仿的机会，以致我们现在听到的课，很少让人眼前一亮，很少能生成为精彩。

而所谓的精彩，多是来自赛前的演练，台上的演艺，"取法乎中，使得其下"。

从"课"到"课"，"课"已经成了教师成长、成名的"独木桥"——所有教师都拥挤在"课"的独木桥上，教师成了"课"的奴隶，跪倒在评委这些"皇帝"的脚下。冲出来的，"得宠"的，成了"贵人"（我也许也算一个）——参加过全国教学的年轻人像明星一样，从此"一歌红天下"。没有得宠的从此被打入"冷宫"。结果，教师的课堂成了选秀活动。从此，教师因"课"进入了白热化竞争的战场——功利、投机取巧后的成名成了教师追逐的目标。

从"课"到"课"，自己的课堂能长高吗？长此下去，这样的培训会让我们走多远？

7 | 学习更重要

在横滨国立大学教育人间科学部附属镰仓小学参观时，校长特别强调：学校除了按照《教育基本法》以及《学校教育法》实施小学普通教育之外，作为附属小学，还肩负着三大使命：与大学研究生院协作，从事教育理论与实际的相关研究以及实践验证工作；安排各县教师教育实践、教育实习；通过研究成果的发布，为教育实践发展作出贡献。

目前，这所学校正在研究开设支持学生心理发育的课程。教师在工作中实施的课程计划并不固定，而是根据情况随时加以改正，也叫"脚印课程"计划——"脚印课程"就意味着实验要脚踏实地。

副校长连井先生说：学校的教育目标往往是花瓶一样的东西摆在那里，没有实际的价值。看到有些学校这样做，口号喊得很高，我们进行了反省，设置了五条具体针对学生的教育目标。

第一条是：你是否知道你好的地方在哪里？你是否发挥了自己的优势？

第二条是：你是否具有很好的效应（指学习效率）？

第三条是：你是否出了很好的"汗"？

第四条是：你能否看到了其他人的长处？

第五条是：你梦想到明天的更好的姿态了吗？"

校长特意说明了第三条，"出汗"，就是要让这里的孩子身体健壮。因此，在整个上午和下午，学校都安排半个小时的时间专门让孩子痛快地玩。学生们上身随便穿，下身必须穿短裤或者裙子，露着大腿，这可是在11月的初冬——日本人说这是为了锻炼他们的意志。届时操场上有跳绳的，有打篮球的，有打棒球的，有到动物饲养所追兔子的，还有的干脆就在草场上疯。

情不自禁地，我们也在体育馆和孩子们一起打起了篮球，最后所有人都是满头大汗。之后，校长和我们来到草场上，我看到几个大约三四年级的学生，便与他们聊了起来。聊天中，一个皮肤黝黑的男孩问我们："你的小孩玩得开心吗？"我们都笑了。问他们愿不愿意写作业，他们异口同声地回答："愿意玩！"他们中午可以玩，放学后还可以在学校玩——他们玩得真痛快啊，可他们还嫌不够呢。

让我感到惊奇的是，日本学生肥胖的特别少。翻译告诉我们她了解的一个情况：现在日本学生的身高普遍比中国同龄人高，身体发育也比中国孩子正常。也许是日本实行的牛奶计划所致？我国也曾实行过少年儿童食用牛奶工程，不知道为什么半途而废了。一位校长当时感慨道：我们的孩子只知道参加学习班，做奥数题，学习英语……

身子越来越大，脑袋越来越小。

校长讲第五条时，特意表扬了一个学生的梦想。他的梦想就是要做一双铁臂阿童木的鞋子，无论谁穿在脚上，都立刻就能飞起来。校长还幽默地说，等到这个学生的梦想实现了，一定把鞋献给我们这些中国的教师。

他进一步强调，有梦想，就得有创造——所以，学校特别注意采用丰富多彩的学习形式，不但让学生参加研究性学习，还请大学教师来小学课堂讲课。重要的是，每年都有学生自己排演的大型音乐会，每年都举行在校住宿以体验独立自理能力的活动。

让我感到惊奇的是，参观每一所学校，校长讲完话后，总要问我们有没有疑问。校长们的发言，没有太多的豪言壮语，有的就是心平气和，更有期待听者的质疑——这一点，我在中国很少见到。经常，我参加的、我听到的报告就是一种声音，然后是一锤定音……

日本学校还定期开展丰富多彩的活动，虽然统一要求，但是，每个班的形式却不一样。比如，开展"盒饭节"，学生亲手做饭，然后在草场自选地点进餐。

我们还参观了该校的音乐教室、手工制作室、化学实验室……感觉设施并不先进。（日本强调均衡发展，公立学校没有特别豪华的）但是，这里的孩子看上去明显很放松，虽然动作并不规范，回头回脑的比比皆是，不过，整体看上去，课堂气氛特别和谐。

在图书馆里，书被分成两部分，一部分是供学生随便翻阅的，看上去书都被翻烂了；一部分是只能按照规定借阅的。学生在走廊里也可随便上网。

总之，一切显得轻松愉快。孩子们感觉到自己不是在学习，而是在愉快地玩。

小学如此，高中又如何呢？

无论是私立的樱丘中学，还是立球阳高中，我都明显感到了他们办学的特色。

他们对学生的培养目标是：身心健康，自主、自立；学习意志强，有大学选定目标；有责任感，将来能为社会作贡献。

在教育过程中，他们注重引导学生实践，加强对学生个性的开发，力求使每人都有人生生涯设计，具有勤劳、敬爱精神，努力成为为社会作贡献，乃至活跃世界舞台的文明、健康的人。

在立球阳高中，依然看到了为高三学生开设的制衣课、美术课、实验课、性教育课……校长上门清春说，他们虽然是全县最好的高中，每年高考，考上大学的学生特别多，但是，他们仍然给更多的学生提供多项就业的出路。同时，他们还认为，为了保证各方面的平衡教学，他们必须开设更多的科目，让学生知道得更多。

校长还说，教育的责任不仅是提高升学率，还在于培养学生更丰富的内涵。比如，他们的校训有三个词，其中一个就是"敬爱"，所以，尽管学习忙，他们还是经常开展一些活动，比如羽毛球比赛、冲绳民间舞蹈比赛、计算机动画设计比赛等，还邀请家长参加，请他们发言。此外，还开展一些爱心活动等，让学生们懂得团结，富有亲情，拥有"敬爱"。

以上是我看到的日本教育的部分剪影，比较多地集中在阳光的一面——比如对孩子身体的关注，对孩子心灵的保护，对阅读自由的眷注，对弱势群体的呵护……

当然，日本教育必定也存在缺陷。然而我以为，就目前中国的教育现状而言，我们更需要的是学习——真诚地向一切强于我们、先进于我们的国家学习。

8 一个有两个高中生的日本家庭

飞机又在大海上航行。透过舷窗，富士山渐渐离我们远去。海面一片深蓝，和蓝天连在一起，分不清哪里是水，哪里是天。两个半小时以后，飞机降落在日本离东京最远的地方——琉球群岛的冲绳县（相当于中国的省）。

下午，一项特别的活动开始了——我们两人一组进行家庭访问，了解日本家庭的教育以及生活情况。我被安排到立球阳高中高三（7）班的学生大庭拓耶家。前来接我们的是该同学和他母亲。一见面，双方热情问候，彼此都感到温暖。

母亲一看就是一位贤妻良母。在她不住的点头中，我们乘坐她亲自驾驶的丰田奔驰在高速路上。

娘俩先领我们到世界文化遗产"胜连城遗迹"参观，之后就开车游览这里的一些岛屿。冲绳县一共由160多个岛屿组成，海面上有物远看如鲸鱼的尾鳍，近瞧却是冒出水面的海礁，这一个那一个，组合在一起就好像群鸟在海面上聚会。

这里，气温22℃。海风吹来，感觉犹如春风拂面，把这位母亲和那位高中生的笑脸一起送进我的心中。这里四季鲜花盛开，这里常年游人不断；这里现在是美军基地，这里也是400年前琉球王国管辖的地方。

大约6点左右，我们来到了大庭拓耶家。他的父亲和妹妹已经在迎接我们了。

刚进屋，母亲和妹妹就带来一套精致的和服帮我一层层穿上。先穿红鞋，再套内衣，系腰带，然后穿外服，把下巾一角提起，扎在腰带里，然后系上围巾，最后戴上美丽的莲花似的帽子。

开饭了，一个人一份日本家常料理：一碟萝卜条丝，一小碗苦瓜鸡蛋丝、海菜酱，一条炸鸡腿，一小羹鲜菇肉汤，一碗白米饭，再加一杯日本茶——饭就这样吃起来。最后，红豆羹半碗、橘子奉上——整个进餐的过程体现了文明矜持的日本吃饭方式。

座谈开始了。彼此有很多的话题，比如，两国的物价不同、消费差异等，当然更重要的是学生的学习情况。这是个普通小商业主家庭，两个孩子读高中，花费多，经济有一定压力。（日本的教育从高中开始收费）

大庭拓耶是通过考试进入这所重点高中的。大庭拓耶家里摆放着两张奖状，一张是表彰大庭拓耶的优异成绩的。他的学习很紧张，但是写在脸上的却是阳光。每天妈妈要5点起床，弄好便当，然后开车送他到学校。从7点半开始，一天的学习就紧张地开始了。直到晚上5点妈妈再来接，40多分钟以后才回到家里。到了家里还要进行预习和复习。为了不被同学落下，他也参加一些辅导班，一周两次。学校也为学生进行免费的辅导，从下午5点到晚上8点。由于学习比较好，所以他只偶尔参加几次每星期的教师辅导。但是，这些都没有成为大庭的负担，因为他心中有梦想，为此现在必须努力。

大庭的志愿是报考大阪的外国语大学。我开玩笑地说，以后可以到中国留学。他高兴地说："从高二开始，学校要求除了必修英语，还要选修另一种外语，我选择的就是中国语言。现在虽说只能说几句，但是句子还是会写一些的。"当我问他为什么选择汉语时，他幽默地说，将来的世界属于中国——我们都笑了起来。我相信他的话。

想起11月24日参观冲绳一所初中时看到的孩子们上课的情景——课堂气氛很轻松，学生们很活跃。他们看到我们走进教室丝毫没有紧张。那天下午正好赶上这所学校"分小队"教学：学校把学生分成不同的辅导班，比如，数学组分成"提高班"和"基础班"。学生的小队活动内容很丰富，有中文学习班、英语学习班、篆刻班、制衣班、物理班、国语（日本语）班、生理班、化学班等。在走廊里，我还看到有两个教室，一个叫"教育相谈室"，一个叫"相聊室"——名称不同，一定是因为主题不同。

从上面的例子中，我们看到，日本在如何减轻学生负担方面下了很大的工夫，所以学生们状态很放松。在孩子们的节目演出中，在孩子的课堂上，在走廊里，他们都热情地向我们问候打招呼，以及勇敢地冲上前来和我们合影留念。听到同学们表演现代舞时的欢呼——更重要的是感受到他们眼神中透出的轻松、活泼、自由——我分明感到这些孩子承受的压力并没有压在他们的心头。

这是经济不算发达的冲绳的普通中学的学生学习的情景。当然，教育长也说，目前全地区的厌学孩子大约有1600名，主要是由历史造成的——孩子基本来自岛上，寄宿学习的儿童很多，有些一放学，第二天就不想来了——毕竟学习不是简单的事情，需要刻苦。所以要给学生讲道理……

看来，哪个国家的儿童都有厌学的现象，不过原因各不相同。我们的孩子呢？就拿我女儿来说，现在她正读初三，每天为了完成作业几乎都要到晚上 11 点半才能睡觉——在她眼前，就是大卷子加小卷子的练习。我女儿比较爱读书，却只能偶尔挤出一点点时间看一会儿书。那些不爱读书的孩子们，他们的心里没有开出花儿来，枯萎的就是梦想。

大庭的妹妹呢，虽然是高一的学生，可一直在厨房中忙着。聊天的过程中，妈妈一个劲地夸奖女儿的勤快能干。原来，家里的家务有三分之二的内容是由女儿完成的，比如清洁、做饭、洗衣等，她都是妈妈的好帮手——看到这位有点马来西亚人模样的女孩，我真为她高兴。可我身边的和她同龄的女孩，包括我自己的女儿，她们已经完全忘记了家庭生活的滋味，不知道最珍贵的劳动体验——因为她们的时间完全被挤占了。

饭后，一家人又送给我们冲绳的蛋糕，我们也回赠了中国的中国结、茶叶、刺绣等特色礼物。

该回宾馆了——夜晚的灯光很柔和，与东京的不尽相同，别有一番情致。

握手，再握手，告别，再告别……汽车终于消失在马路的尽头。

9 | 日本农村小学的魅力

汽车在沿海公路上行驶。

"往山下看!"

绿树掩映中,错落有致的建筑映入眼帘。这是冲绳最偏远的小学校——知念村小学。

《友谊地久天长》,一部著名电影的主题曲,成了我们参观知念村小学的主旋律。远远的,这旋律就从学校里传出来。校长和教师在校门口热烈地欢迎着我们,发音不清却分明真诚地用中文问候:"你好!你好!"

穿过孩子们手举的各色花环,我们来到体育馆的主席台下。

一片热烈的欢呼声中,演出开始了。孩子们表演着冲绳的民间舞蹈,以及民间庆祝丰收的丰收鼓。知念村小学一共 300 名儿童,都席地坐在地板上和我们一起观看演出。这些孩子的肤色也和我们农村孩子的差不多——可能是因为冲绳地处亚热带,即使在冬天,温度也依然在二十几摄氏度,不过,他们却很大方,虽然他们是第一次接待外国人。当他们看到我们这些中国人时,惊讶地喊起来:"怎么这些外国人和我们长得一样呢?"

座谈结束后，一行人分散进入各班。发现，虽然是普通的农村小学，但是所开设的科目和城市的学校一样，而且活动丰富多彩。

短暂的一上午，给我留下了深刻的印象。

这所学校办学理念很具特色。

切实提高学生的能力

落实基础知识，并通过多种趣味盎然的形式加以巩固。比如开展基础与基本强化学习会；开展"爽利学"集会活动，设立"家庭学习强化月"，进行汉字、计算检测考试，朗诵、写小作文，活用"Master sheet"，星期五补习，小班辅导教学……

养成热爱读书的习惯。学校设定每年读书的册数—— 一年级90册，二年级100册，三年级90册，四年级90册，五年级90册，六年级90册。一所农村小学能有如此细致的读书规划，这让人惊叹！难怪去年对世界500强企业家进行的读书调查结果表明，日本的企业家无论略读还是精读，读书总数在500本左右，而我国的企业家一年平均只读0.5本，我们小学生的读书数量也并不喜人。

培养交流沟通能力。学校设定每周1小时的英语活动实践（国家没有规定，这仅是该校的校本实验）；经常在教室张贴"听与说的方法"，并随时进行辅导；实施跨年级的交流活动等。

我参与了三年级学生和幼稚班的儿童互动交往的活动。活动中，师生和谐自然，孩子身上流溢着班主任的风采。比如，这个班的老师长得娇小玲珑，说话柔声柔气，她的学生自然显得文质彬彬。高年级学生把自己制作的作品让低年级的同学享用，同时介绍自己的"产品",并教会他使用方法,解答小朋友的疑问——这样的"交际"能真正激发学生的兴趣,并且能让学生们在现实的场景中达到相互促进、共同成长的目的。

培养应用计算机的能力,学校规定,每个年级每周均须有1小时的计算机操作实践。

真正丰富学生的心灵

他们不仅重视道德教育,还注意充实综合学习时间,并为此实施跨年级交流活动,开展"与学兄学姐对话"活动。活动形式丰富生动,比如说组织"三味线"(冲绳三弦琴)、方言、门球等学生课外小组活动。课外,还注意对学生的辅导,对学生进行实际生活状态调查,并为之设定家庭学习目标。教育咨询员和生活指导与学生辅导部紧密协作,特别注意培养学生的恒心和责任感。他们也重视家校合作,开展了让家长读书给孩子听的活动。

真正关注学生的生命体验

学校经常开展"一天体验学习"活动,努力充实勤劳体验。比如,六年级照顾山羊的活动、种植芋头的活动;五年级种水稻的活动;四年级甘蔗栽培活动以及黑糖(红糖)制作活动;一至三年级采取活用"教材园"的形式开展的活动。

学校密切注意开展与社会协作的体验活动,如到公民馆参加活动等。学校还开展各学科的体验学习活动,从而改善学习环境、充实自身体验。

真正关注学生的个性

该校黑板报设计很有特色，有的制作者甚至把自己的心愿画到竹笋叶里，上方配有自己可爱的照片。后面整个墙壁挂的都是孩子们采集的各种植物的标本，有的班级还有几个鱼缸，里面养着好多种热带鱼……走进这样的教室，你不得不为孩子的个性而折服，不得不为他们的创意而喝彩。

课堂上，孩子们的交往轻松自然，丝毫没有表演、做作的痕迹。落落大方的他们，既友好又礼貌。下课前，我给孩子们讲了几句话。没想到小手直举，要和我对话。有些孩子还把自己的"产品"送给我，让我评价一番。

一抬头，发现黑板上方没有悬挂日本国旗，而是成为充满学生个性色彩的创新园地。一想，才发现自己所到的所有学校的黑板上方都没有国旗。

在立球阳高中，有个班级画了一幅漫画——班主任咧着大嘴"怒骂"他们——嘴旁是班主任"吐"出的一段幽默的英文。

在潮平初中，黑板的左右张贴的是班级目标，旁边是学生的手印，里面写的是学生的个人目标——是根据学校的大目标，班级乃至个人确定的小目标。

"每个班级都有自己的味道！"我感慨道——这和日本老师的个性化的教育教学理念是分不开的。比如，走到另一个班，又是另一番情景，这里似乎成了百花园。在一楼的养护班，学生把听音乐后画的画挂在墙上；学生写的字、算的题也挂满了整个教室的墙。

参观中，突然，一个孩子冲上来，抢走了别的学生送给我的这一个同学亲自制作礼物。我心想，就送给他吧，尽管对那个给我礼物的小朋友不礼貌。没想到，在老师一番苦口婆心的动员后，最后，抢走我礼物的那位小朋友还是送给了我。我奇怪地劝解老师："这孩子多可爱，就送给他吧。""不行。谢谢你给我一次教育他的机会，告诉他别人的东西是不能随便抢的……"

我哑然。这小小的插曲，这群性格迥异的孩子，这些个性独特的老师，让我明白有有创造的、有个性的教师，才会有有个性的教育。那些黑板的布置，那趁机的点拨，只不过是个性教育的一点点外显罢了……

《友谊地久天长》又响起来，该走了。花环又一串串从我们头顶穿过，伴随着依依不舍的、很涩的中国话——"谢谢！再见!"我们又踏上了征程。

汽车沿着高速公路盘旋而上，回眸，念知村小学渐渐模糊。但，那群孩子，那些老师，却和着《友谊地久天长》的旋律分明地印在心中。

10 | 怎样培训"确保受人爱戴的教师"?

下午聆听了题为《如何确保受人爱戴的教师》的培训报告。报告人为日本中小学教师巡视学官腾野先生。

日本教育强调,今后的教育将在尊重每个儿童的个性的同时,特别注重培养儿童的"真实学力",其中包括使之打好扎实的基本功,学会主动学习和独立思考,行为有主见,具有良好的解决问题的素质和能力,并将注重使儿童具有"丰富的人性"以及"生存能力",要使儿童拥有健康的体魄、茁壮成长也包括在内——这就势必要求站在教育第一线的日本教师具备以下素质和能力:作为教育者的使命感;对人的成长和发展的深度理解;对幼儿教育和儿童教育的热爱;在教学科目等方面的专业知识;较高的文化道德素养。

日本学校的最大特点是,公立学校占97%以上。学校办得好坏,取决于教师的水平。和中国一样,日本政府要求被录取为教师者必须有做教员的资格证书。教师证书有三类:一类是研究生毕业的专科资格证书,这是日本四五年前新增设的;一类是基本大学毕业的证书;一类是基本学历。

为了更好地实施以上理念,培训教师显得尤为重要。

录用前的培训

公立学校的教师进修由政府负责，私立学校的则由本单位负责。当前，日本教师的素质和能力亟待提高，因为日本学生的能力有所下降，而为了让孩子得到提高，教员必须有所提高。日本的教师培养以大学为基地，由师范大学和并行的大学一起承担培养教师的任务。

在二次大战前，日本教师全部由师范学校培养。不过，这样定向的方法培养出的教师眼界比较狭小。所以，二战后，采取了比较开放而广泛的培养模式。

现在，日本四分之三的大学——520所大学——都承担教师培养任务，因此，得到教师资格证书的人特别多。虽然获得的多，实际被录用的却占少数。这样做，自然可以选拔出有经验的人员，但由于证书比较容易得到，所以含金量不够。

近几年，教师岗位的竞争激烈程度有所增加，因为日本儿童在减少，需要的教师也相对减少，但报考的人员却依然不减。录取后首先作为试用教师试用1年，如果不合适就不准许从教。待工作两三年后再进行录用考核，最后才能成为正式教师。如果缺乏辅导能力，也要参加特别的进修。不过，小学教师录用比较容易。

报考教师要进行两次考试——第一次是笔试，第二次就是面试和实际技能的考试。此外，还要模拟教学，并选定特定的场面，检查其指导学生的能力。在第二次考试中，还要起用临床心理医生、学校顾问以及民间机构的人事工作者担任面试考官，从而实现全面而客观的考核。即使被录用，如果缺乏适用性，不能很好地对待学生和家长，也不能当老师。在日本，特别重视学校与家庭、社区的携手合作，这样做的好处是能使整个社区乃至社会共同关心儿童成长——这一点我已经在所著《梳理课堂》中的《失去目的的教育》一文中有所阐释，在这里不再赘述。

对于不能胜任的教师则采取培训等办法使之有所提高，实在不行就转岗，但还能享受公务员制度对教师的保障。

录用后的进修

各地方政府要求被录用的教师必须进行再进修。试用 1 年的教师受到聘任后必须进行岗位再进修。教师还要负责一个班，独立地进行授课，掌握独立工作的能力。此外除了进行校内培训，还要进行校外进修——到企业、福利单位等拓展视野。

10 年教龄的也要去进修——为什么选择这样年龄的教师？因为这样的教师发挥着核心和骨干的作用。校外培训一般是脱产 20 天，在职 20 天，将根据每个教师的能力制订合理的培训计划，进修后要进行评估、记录。另外，还有向海外派遣的视野培训，比如进行日美教师交流。

另外，没有教师资格证书但拥有出色的知识和技能、经验的社会人士，也可以参加由都道府教育委员会举办的教育职员的鉴定考试，取得资格后也可以被聘任为教师。

目前，日本也在进行对教师的评价的改革。比如学生课后要填写表格，以反映教师的授课情况，包括板书是否规范等具体细节。

当然，学生能否准确评价老师也是目前教师关注的一个问题。

现在，日本政府对教师今后应特别具备的素质和能力要求如下：

1. 能以世界领域为行为出发点的素质和能力：对地球、国家、人类等概念的正确认识，丰富的人性，国际社会所必需的基本素质和能力。

2. 为能适应社会变化所应有的素质和能力：问题解决能力，协调人际关系方面的素质和能力，适应社会变化所需的知识和技能。

3. 作为教育工作者所不可缺少的素质和能力：对儿童、学生以及教育理想和现实的正确理解，对教师职业的热爱和自豪感、一体感，进行学科指导、学生指导所需的知识技能和心态。

面临的问题

在听的过程中，我明显感觉到日本对待教育的小心谨慎——他们也刚进行改革尝试，有些问题仍在探索之中。只是他们能够实事求是，很少以夸大局部教育成果来掩盖整体教育现状。比如他们谈到了目前日本教育存在的问题，并提出了一些有针对性的建议：

一、教员受教育水平要高层次化。在日本，当律师要受大约6年的高等教育，所以教师的受教育水平要提高到研究生的层次——日本目前还没有达到。

二、必须保证教师的质量。日本经济发达，但教师的地位也不是太高——要探讨如何往教育引进高素质人才的问题，要进一步改革获得教师资格证书的条件。目前，日本的教师资格证书终生有效，但要改革，定期进行更换——在今后一年到两年的时间进行。

三、如何对待缺乏适应性的教师。国民对教育期待非常高，所以必须提高对教员的要求。教育如何和经济的迅猛发展保持同步，这是摆在日本政府面前的一个艰巨的任务。因此，日本的教育还要进行比较大的变革。

想起日本教育家左藤学的《静悄悄的革命》——

　　是从一个一个的教室里萌生出来的，是培植于下层的民主主义的、以学校和社区为基地而进行的革命；是支持每个学生的多元化个性的革命；是促进教师的自主性和创造性的革命。这场革命要求根本性的结构性的变化。仅此而言，它就绝非是一场一蹴而就的革命。因为教育实践是一种文化，而文化变革越是缓慢，才越能得到确实的成果。

11 | 宣传册及其他

经常参加校庆、现场会、督导、示范、检查等活动，每一次，都会得到该校的宣传册。

封面，基本都是抽象的意象设计，有的就是学校的大楼剪影。打开，封二上醒目的校长头像直刺你的眼睛——一般是明星照，大大的头像下面是大堆的文字介绍，自然是获得什么什么荣誉，有什么什么教育思想之类。当然，下面还会有一段长长的致词。

再打开，就是各种题词，按题词人级别排列，从级别最高的开始——比如，我见到的一所重点小学宣传册上，光各类人物的题词就占了3页。当然，如果有某某重要人物和学校有关联就更好了；接着就是从国家领导人（如果有的话）一直到区政府、区教委领导视察或者检查的照片，一页一幅。

继续往下翻，就是学校全体教师的"全家福"，紧跟着后面的一组组照片就是什么学科带头人、什么国家荣誉获得者的个人照片。

当然，你还可以看到学校获得的各种奖杯——教育管理校、德育管理校、示范校、电教先进单位等。如果有学生在数学奥赛或者华罗庚数学比赛获得突出成绩的，也会放上一张该生手捧奖杯的照片——只是学生的脸大多充当了配角——被金灿灿的奖杯遮住了。

你还能看到经过艺术处理的各种教学设施，比如，形体室、声乐室、琴房、聊天小屋、美术室、图书馆、计算机房——只要能拍进去的都展示出来了。但奇怪的是，这些似乎成了学校的摆设——明明是为学生设置的，可连一个学生的影儿都没看到，如果有，感觉也是"摆拍"的。

不过，也不是都不好，有的学校的宣传册的设计还是很下工夫的：什么校训、校歌等都放进去了；学生有特别荣誉或者获大奖的，自然也会放进宣传册里的。

每次拿到宣传册的时候，感觉很沉：宣传册太厚，且质量太高级。（有些都是硬质的，导致重量不轻）扔掉吧，不忍心；不扔吧，拿回去占地方，也没用——没有了价值，不是成了垃圾了吗？最后，尽管沉重，还是先拿着，离开时如果东西太多，就扔在宾馆的垃圾桶里。

清华附小制作宣传册的时候，就专门讨论过怎样设计得更精致、更有内涵，不落俗套。可以说，我们的宣传册，比较起来，自我感觉还是不错的。

当然，这次来日本，看了人家的宣传册还是感觉到了另一种特别的、我们不具备的东西。

我们参观了大约十所学校，无论是高中、初中，还是小学、养护学校，甚至是私立学校，他们的宣传册除了都有教育目标外（和中国的办学宗旨类似），其他都不尽相同。

首先，设计简单。只有几张连体的宣传页，而且色泽不鲜艳，基本是亚光的。封面一般是学生的一个活动场面。打开，你会发现，公立学校的所有宣传册都没有校长的头像，没有教师的头像，没有学校的硬件设施图像，有的只是这所学校办学目标和特色等。

比如，潮平中学的宣传册上有该学校的教育目标、校歌、学校开设的各种课程的安排、学校沿革的大事记、学生人数以及各年级所开设的科目说明等。

立球阳高中的宣传册上，封面所用的就是记录学生音乐节上舞蹈演出时的照片，封二是没有校长图像的勉励师生的话语，然后就是教育目标、文科和理科的课程设置，接下来，重点就是学生活动的画面，比如，有学生听讲座的镜头，学生运动会上的身影，在教室里热烈讨论的情景，学生干部选举大会的场面，在大自然中作画、进行艺术欣赏的情景，排球比赛扣球的瞬间，文艺演出歌唱的情景……

封底呢，是学生毕业出路的情况介绍。我们的一些学校，对于学生的毕业，只是张贴本校有多少个学生考上多少所名牌大学，其他就不管不问了。而在参观过程中，我们看到日本的高中还有专门提供高中生毕业资讯的办公室，为不同的学生提供不同的参考。所以，封底用了三分之一的版面，以表格的形式介绍这些年来，该校毕业生的基本去向，比如进入公立大学如琉球大学的人数，进入私立大学如冲绳国际大学的，进入短期大学的，进入专门学校的，已经不能继续读书的以及就业的人数——这样实实在在，而不是中国的报喜不报忧。

即使是私立学校的宣传册，上面的校长图像也是只有创立人的，个别有现任校长的，也只介绍姓名，没有别的。写在上面是为了说明其职责。

更重要的是，日本的宣传册注重实际，重点宣传学校的软件，从来不把大楼以及其他豪华的设施摆出来。当然，日本学校的条件、设施的确不如国内的有些重点学校，但日本的均衡教育却真正体现了人人享受平等的教育的特点。

所以，尽管我们参观的几乎都是重点学校，但是，给我们的印象，就是校园的原汁原味。没有贴瓷砖的，就是水泥的原态；教室里面也是普通的桌椅；有些画室甚至很简陋——也许是因为学校不美，所以不放在画册里？我想，当然不是，关键是理念不同。

中国的宣传册强调外在的张扬，重在展示给人家我们的硬件多么豪华，我们的学校多么气派，我们的学校多么高贵、贵族化。日本的宣传画册重在让你了解来到这里的学生享有怎样的学科学习机会，具体教育目标是怎样落实的。

在日本，当我们参观学生的各项活动的时候，陪同的领导总是强调他们没有特意准备，展示的只是常态下的学生状态，赶上什么就看什么——我完全相信，因为从孩子的眼神中，从个别为我们演出的节目的随意性中，我们感到的都是自然真实。

反观我们呢？几年前我们学校为了迎接日本人而"大动干戈"，演练了将近1个月。为了排练日本歌曲《樱花赞》，全校师生一起行动，从鼓号队，到舞蹈队，到合唱团，到普通学生手持塑料花，一次一次地彩排。

本来说，那一天下午2点客人到，全体师生1点半就排成长队等待。还有一个放哨的，只要他们的车快到了，就赶紧给我们通风报信，然后我们就严阵以待。教师指手画脚，批评个别坚持不住、溜号的学生，让他们立正、严肃、摆好姿势。

他们一踏进校门口，管乐声、鼓号声顿时响起，歌声嘹亮，统一的花的海洋在不停地摆动——这一切，似乎比迎接总统还热烈。不过，当你细细观察孩子的表情的时候，你会发现，他们的笑是做出来的，他们的动作是训练出来的——完全没有真实感情的流露。

这一切，以及类似于这种的一切，我们似乎都习以为常了。

《围城》中方鸿渐对赵辛楣说：从前愚民政策是不允许人民受教育，现代愚民政策是只允许人民受一种教育。不受教育的人，因为不识字，上人的当；受教育的人，是因为识了字，上印刷品的当，像你们的报纸宣传品、训练干部讲义之类。

什么时候我们杜绝虚伪、杜绝形式主义，什么时候我们真正把教育真正落实到每一个孩子的身心健康上，什么时候管教育的官员、校长，不再把教育当作形象工程，什么时候我们教师敢大胆地对一切"少慢差费"的问题大胆说"不!"——

我想，我们的教育就变得踏实了。

12 | 究竟什么是"以人为本"？

　　阅读日本教育家的教育专著，浏览日本近几年的课程改革系列文章，发现日本和中国的教育有好多相似的地方。最为明显的是，我们有着共同的理念——以人为本。

　　"以人为本"，这在中国教师中无人不知。然而，细心的你会发现，新闻报道的、身边发生的简直不可思议，总会让你觉得"本"得虚无缥缈，"人"失其所，行思分离。

　　而日本呢？

　　二战前，日本的教育系统以西欧的教育体系为楷模，这在黑柳彻子的《窗边的小豆豆》中有明显的痕迹。二战后，日本的教育体系发生了实质性的变化——国家控制权得以分散。

　　战后，日本便以天皇为象征，制定了新的宪法，并于1947年5月3日实行——这是值得日本人民庆幸的日子。战前日本实行天皇的最高统治；战后，放弃武力，放弃战争。宪法承认自由表现，贯彻彻底的民主主义。比如，宪法的第九条规定："日本国民诚实地企望以正义和秩序为基调的国际和平，永远放弃国家主权发动的战争、武力威胁或使用武力作为解决国际争端的手段。"落实在《教育基本法》中的基本教育目标就是：致力于人类的和平和福利，鼓励个性的全面发展以及建立学生对真理和公正的热爱。这一法律同时还承诺学术自由、机会平等和男女共校。日本这几十年来没有大的变故，教育已经稳步前行。

和我们国家一样，现在日本的教育从小学到大学都在进行着改革。在前几年的改革基础上，近年来特别是2002年4月以来全面实施课程改革——最大的改变就是缩短上课时间和更改课程内容。

日本的教育有两大特点：

第一，体现了民主主义的重要性。1997到1998年，日本始终围绕3个主题进行教育研讨：21世纪的日本教育、儿童的心灵教育、地方教育行政——尽量使教育体制更加多样化。

值得一提的就是教科书的编写、出版发自于民间。编者在表达方式上有一定的自由度，但是，内容必须和学校规定的课程保持一致。公立学校的教科书要由文部科学省审核通过方可使用。从1963年开始，日本就建立了义务阶段免费发放教科书的体制，私立学校的教科书由校长自己决定。

第二，体现了宽松的教育。这里的宽松指的是宽泛和轻松。这也正和我们目前的教育理念相同。具体比如学生就近入学，实行九年义务教育，教育的策略为适应国际化要求而改变以前的灌输式，注意培养学生的判断力和个性。

日本小学到初中的升学率是100%。贫困的人群一样可以接受教育。97%的学生能够进入高中学习——用日本人的话说，高中阶段也接近义务教育。

目前，有50%的学生升入大学。此外，除了对健康人的培养，日本还有许多盲人学校、聋哑学校、身心残疾（比如弱智等）学校——根据每个残疾孩子的不同，进行个别的教育。

日本的学校无论是在教学方式还是在设施上，都充分体现了"以人为本"。比如，我们参观的樱丘中学——

这座由稻毛多喜女士于1924年创立的学校，虽然其学生也参加高考，但该校依然注意特色教育——英语、信息技术等。就拿英语教学来说，为了让学生很好地掌握这门学科，英语教师专门挑选了一些英语书籍让学生阅读，可以在英语课上阅读，也可在走廊的角落里阅读。

为了提高学生的英语水平，教师还专门设计了适合高中学生使用的记忆英语单词的软件，同时还采取网上阅读的办法促进教学。学生上课时间为40分钟，如果有学生10分钟就完全掌握了教学内容，那么，该同学就可以离开，做自己想做的事情。

还有，学生可以随时随地上网，还可以到图书馆借笔记本电脑以及录像机等音像设备。

走进教室，地面全铺着地毯，桌子较大，一人一张，后面备有自己的衣柜。日本政府规定一个教室不能超过40人——试想，在现代化的教室中，有少于我们普通教室二十几名，甚至三十几名的学生，该是怎样的宽敞？但就是这样，教室的一角还延伸出一块，成为带栅栏的阳台——原来这里是避难地。旁边还有一个铁箱子，里面装着铁梯子。如果遇到火灾之类的意外事故，就可以从这里逃出。这不由得让我想起前一段时间在西安的一场火灾中，逃出来的竟然是两个日本人。

我们都知道东京最大的特点就是拥挤——甚至自家的汽车也要

吊在空中。但，漫步学校却感到很宽敞，再走进学生的洗手间——卫生干净，设计漂亮温馨，纸巾、洗手液等规规矩矩地摆放在一角。

除了洗手间的地面和个别楼梯是瓷砖的，其他地方全铺有地毯——特别是在教室附近——这些都体现出追求一个"静"字——再大的脚步声踩着地毯也会无声，学生可以安静、安心地学习。

在参观学校的时候，我们了解到，日本的学生有 3 个假期：春天有个春假，夏天有个暑假，冬天有个寒假。这保证了学生能够实现劳逸结合。学生每周和我们一样上 5 天课。一年级的学生下午没有课，到五、六年级课时才开始增加。中午有 1 个小时的吃饭时间，而且注意营养配餐，以实现日本培养儿童身体健壮的目的。有意思的是，吃饭也带有教育色彩——有营养方面的专职人才负责管理学生吃饭，同时顺便讲解怎样进行营养配餐才能让自己更壮实。

从这些吃喝拉撒的细节中，我们分明感受到的就是一切为学生着想——这不是"以人为本"又是什么呢？

有人说，中国的高中是学生的地狱。其实，日本学生也不轻松。在樱丘高中的走廊上贴出了高一年段学生排位名次——这不和我们的排名榜一样吗？带着疑问我采访了一位老师。这位老师诚恳地说：我们当然要知道培养学生成为一个怎样的人，但是当下的目标就是努力让他们考上最好的大学，这样才可以获得更大的发展空间。话说得真实际——遥远的目标必须靠眼前的一个个小目标实现。

第四辑

在白纸黑字的沃野上

1 也有那淡淡的哀愁

——有感于曹文轩的《草房子》

《草房子》最初是 1998 年我和学生一起读的。

文章不厌百回读。几天前，和安华、杨雪原老师在学校图书馆商量童书摆放问题。几种不同版本的《草房子》映入眼帘。很自然地拿了起来。打开，一种古典、温馨的情调弥漫开来。几个小时下来，阅读的感觉和 8 年前大不相同，竟然泪流满面，呆在"草房子"里，走不出来。那不连贯的、近乎支离破碎的片断故事里，嬉笑、欢聚、离别，都成了我内心那淡淡的哀愁。

曹文轩说："那里的每一粒沙尘，每一个场景，每一个人物都是可以进入到文学世界去的。"的确，当你走进《草房子》，乡野纯净的天空下，微风翻卷着荷叶，懵懂的少年奔跑在夕阳里——"草房子"这三个字，成了一口心泉，回忆吹拂着，情感泛起波纹，轻轻地荡漾。让桑桑刻骨铭心的"草房子"，就好像是我小学读书的地方。

正如油麻地小学的草房子一样，我的教室同样是"草房子"。虽不是桑桑学校的草房子"很贵重"、"经久不朽"，但同样不是用一般的稻草或麦秸盖成的，而是用从百里外运来的靰鞡草盖的。就连我们家住的房子都是用这样的草盖的。这东北的三宝之一，受着北风的吹拂与毫无遮掩的阳光的曝晒，一根一根也都长得很有韧性。

秃鹤坚守着人格的尊严；纸月文弱中透着内在的坚韧与沉静；细马小小年纪就挑起了"当家人"的担子；大红门里的杜小康，因家道一落千丈而失学，其痛苦中的沉沦与奋争，更是撼人心魄。还有秦大奶奶的性格转变；蒋老师与白雀热烈而无望的爱情；温幼菊忧郁、感伤的无词歌……这些同学好像都是我儿时的伙伴，那些大人就是身边的邻居，只是，人名不同而已。原来，我的草房子，还有桑桑的草房子都成了我和伙伴们，以及他和他的伙伴们的情调。我的那些伙伴一如桑桑的伙伴，不同的命运散满了些许无奈，门前的那条河，流淌着淡淡的忧伤……

故事的最后，桑桑自己也因患病而经历了"死一回"的痛苦体验。这6年，是他接受人生启蒙教育的6年，他似乎朦朦胧胧地懂得了什么是情，什么是爱，什么是生活，什么是人生，从而逐渐感悟到"所有的人，都是在这一串串轻松与沉重遭遇中长大的"。我虽不是男孩，可桑桑的成长又何尝不是我们的成长？我们天真的童心，不也是如同桑桑一样逐渐敏感细腻起来的吗？品尝着生命中的爱与哀，体味着人世的欢愉与悲凉。现在，成年的我，越来越相信，这种人生滋味不是非要等到自己完全成熟之后才能够体会得到的。桑桑的生命从一开始便不得不面对它了，而由它构成的"苦难记忆"则往往决定着一个人一生的走向。

书中桑桑和纸月，那种少男少女间毫无瑕疵的纯情，好像在我们的童年也多少经历过。确实，一个少年对女孩子的喜爱，或者一个女孩对少年的喜爱，表达方式虽然多种多样，但大都包含了调皮、胆怯、逞强……害怕直接接触，却又时时挖空心思地想引起对方的注意。喜悦与忧伤都积淀在少年朦胧的片断里。小学时，做正班长的他和我曾经一起表演节目，一起组成小组写作业。因为我的假小子性格，我成了"垂帘听政"的。我这"一把手"不停地忙活，他就默默地躲在一处帮助我抄作业……"桑桑为了吸引纸月的目光，夏天穿着大棉袄在操场上走来走去；桑桑为了纸月不被欺负，悄悄起个大早去打架。"我不是也有类似的故事吗？只是，我那时透着傻气和稚气，略微有点潜在的"悟性"。自从上中学，我们就到了不同的学校读书，到现在也没再见他一面。不过，这次阅读的感觉，就好像在书中和他见上了一面——多美的回忆：梦一样的氛围里，那坐落山脚下的草房子，那个门前有一条河汊的草房子，充满了我和他，还有我的那些伙伴无尽的情趣与诗意啊！

　　　　那个 1962 年 8 月的一个上午，桑桑坐在草房子的屋脊上，他忽然觉得自己想哭，于是就呜咽起来。明天一大早，他将载着他和他的家，远远地离开这里——他将永远告别与他朝夕相处的这片金色的草房子。

　　多么不舍。多么难过，我开始想象远走的桑桑将来成了什么样子。他还会回到油麻地吗？多少年过去，那个装满他童年的草房子还在吗？我开始怀旧。我的小学时的草房子已经变成了瓦房。尽管它结实、现代，但就好像无情的地基一样，把我那草房子的记忆压

171

在地下了。我伤心起来，同时也自问起来：难道这是一种过时的情愫？难道这是多情或矫情？为什么这惆怅，却能在我灵魂中氤氲呢？

而后的多少天，淡淡的哀愁总是充斥我心。我知道，在别人看来也许这算不上什么良好的情绪，也确实不必人人都有、时时都有，更不必在任何一部文学作品里都让读者如此难过。但，我想，无论是拥抱它还是告别它，那毕竟是我的情绪。也许这种情绪与我的总体生存状态有关，更与我的性格有关。但我相信，您，肯定不会将我的这种情感加以鞭挞，加以拒绝。您也许会和我一起感叹，人际间带有一丝哀愁的温情脉脉不是很好吗？

我发现，眼泪流过，记忆定格，写下我的这些伤感的时候，越是含有我的人情、人性味道。那老家的苍凉幽咽，仍让我一往情深，引起遥远的相思的哀感。忧郁、惆怅、伤感，浮躁之时掺合一些，快乐之后忧郁一下，热烈之时伤感一点。这些柔软的东西救了我，泪水变成很好的宣泄，哀伤成了我最好的排毒。

儿童文学给儿童带来快感的，既有快乐的，也有悲剧的，比如忧伤。从整个文学史看，占有崇高位置的基本上还是悲剧范畴的概念。忧伤是一种文化产物，是文化程度达到一定状态，对世界有了一定的认识，对于人类的生存有了一定的理解之后才会有的情感。忧伤还是一种非常美的情感，只要掌握好分寸，就是一种非常好的东西。（曹文轩）

172

我开始相信，真正把哀愁作为一种情愫的，属于精神贵族。时代面前的惶惑，小悲欢下的失落，个人命运的无力，变故和冲击下的无法承受……回顾和思考这些的时候，我变得更加温情和怜悯。于是，个人在群体中的迷失，认同中的窘迫，以求自慰取得的一种心理平衡——使得人性深处的这一潜流，能坦然涌溢到我的眼眶和身心，并在我生命的总构成中，获得足够的份额。

2 父辈:用生命延续生命的人生
——读《许三观卖血记》

　　《许三观卖血记》是一部可以深入我们内心的小说，读着它，我们似乎可以透过时光，看到一些隐隐约约的影子在劳作、在叹息、在忙着生存、在用血泪叩问苍天和土地。法国的《读书》杂志这样评价它："这是一部精妙绝伦的小说，是外表朴实简洁和内涵意蕴深远的完美结合。"

　　然而，我不是想去评价这部小说，那需要超越小说之上的理性的清醒，但现在，小说已经用它的情感淹没了我，所以我只想用自己的方式表达敬畏。读有些小说，感觉是读别人，中间横着一个门槛，把你的感情很客气地挡在门外。可读《许三观卖血记》，有时候感觉是在读我父亲，自己仿佛就是许三观的一个孩子，或是二乐，或是三乐。

　　作为送茧工的许三观，一次偶然的"机会"，在探亲的途中得知乡人们卖血的习俗，便随同前往医院，并以卖血得来的35元在城里娶下了"油条西施"许玉兰。这一惊喜在他体内潜伏了数十年。如果不是儿子打破了人家的头，如果不是为了报答他的老情人，如果不是因为全家人的嗷嗷待哺——卖血的故事也许连他自己都遗忘了。但现实偏不遂人愿，于是在以后的几十年中，每有家庭变故，许三观就以卖血来挽救危机。一次次卖血，一次次卖血后到饭馆里喊一声"一盘炒猪肝，二两黄酒"，末了还要加上一句"黄酒要温一温"。这声音，一次次响起，从结巴变成了老练，走过壮年到达人生的迟暮。

我的父亲没有卖过血。但在我眼里，他也有着类似于卖血的人生。家里干活的少，吃饭的多——在偏僻大山里的我们，能填饱肚子就不错了。记得小时候吃过苹果但从没见过香蕉，能吃顿饺子只有在过节。一年四季，父亲除了参加农田里的各种劳动，还做牛倌。这样他可以挣两份工分，这样才能养活全家 7 口人。每年秋收之后，他都要上山打松子，住在深山里好长时间，挣一点外快。记得有一次父亲回来后到合作社给我们买来一包饼干。不给妈妈，也要给姥爷尝尝啊。5 个人怎么分呢？我们姐弟 4 个因为分配不合理哭了起来。父亲数了数衣兜里的钱，狠了狠心领着我们又去买了 4 包饼干，一包一斤，谁也不多，谁也不少。冬天，父亲给家里打足柴之后，就和其他社员一起到深山里去伐木材，用牛爬犁运出来送到林场，只为了多换几个工分。后来，父亲利用晚上的时间又学会了做豆腐的手艺……

像我父亲这样的农民，依赖土地为生，然而土地却不总给他们以丰衣足食的保证，于是能否"卖血"成为衡量体魄甚至能否娶妻生子的标准。"卖一次血能挣 35 块呢，在地里干半年活也就挣那么多。"——类似这样的话，父亲不是也说过吗？农民的劳动被贬值到如此地步，以至于他们只能以出卖生命的方式来延续生命；以至于有一次，许三观卖血回来，突然打着自己的脑袋："完了！完了！我卖血前忘记喝水了！"以至于想起我父亲有一次坐拉货的火车回家，到家时车不停，他跳车摔伤了腿，一瘸一拐地回家，一问之下，才知道"我是想为家里省下几个钱啊……"

直到3个儿子最终于各处组建家庭后，许三观才恍然发觉岁月已夺去了他的健壮，卖血救急的好时光一去不返了，对未来灾祸的忧虑，使他在街头痛哭起来，因为他再也不能老练惬意地用手在桌子上敲打几下，同时来一声"黄酒要温一温"了。我父亲不也是靠着这类似卖血的收入把我们一个个送到学校、送出山沟沟的吗？习惯了劳累、受罪的父亲觉得住在城里就像住在监狱，总觉得闲着就丢掉了农民的本分。到现在，还是穿着"脱坯"似的衣服留在家里，守着那几亩地。

许三观拿到"血钱"后突发奇想，采取了怪异的求婚方式——请素不相识的许玉兰吃饭，饭后计算出为许玉兰花用的钱数"总共是8角3分钱"，紧接着就理所当然地提出"你什么时候嫁给我"。我父亲与母亲结合的过程也是这么简单，两人在山东见了一面，然后父亲先到东北，之后，一封信写到山东，告诉母亲东北的土地是怎样的黑厚肥沃。"我就这样被你爸骗来了！"——妈妈这样向我们讲她的爱情史。

无论是书中还是现实，这些事看起来好像很荒诞。然而，更荒诞的还在后头——1958年大炼钢铁，丝厂建起小高炉，毫无用处的钢渣被作为战果加以炫耀；个人的炊具米粮均被收没，人头汹涌挤吃公共食堂，戏台被充作厨房，和尚改做大师傅；饥饿的一家人用嘴炒菜进行精神会餐，孩子们吃了甜的却想不起来这是糖的滋味……文革，这一规模空前的群体癫狂，给我们提供了认识这个世界的"非理性"的巨大空间。许三观作为一个旁观者将运动的实质一语道破："什么叫文化革命？其实就是一个报私仇的时候。"文革中人们的癫狂只不过是借酒装疯，一切被暴露出的、令人发指的阴毒，事实上早已隐藏在人们心中。文革的疯狂事实上是整个社会"非理性本质"的真实暴露。

这个世界疯了。我父亲因为勤劳能干，曾在大队的广播喇叭里受到过"表扬"，父母也因为成分不好而被挂牌挨斗。当时的村委书记告诉我父亲，整个公社都开批斗会，没办法，找不出更突出的典型，才找到我父亲，并安慰说会后牌子一摘下来就跟贫下中农一个样了……父亲经常把自己的光荣史讲给他的孙女听。许三观家，作为社会的一个小小单位，不可避免地颠簸在这场大劫之中。第一件祸事就落在主妇许玉兰头上。泼辣的许玉兰，因被嫉恨者贴了一张无据诽谤的大字报，而在万人批斗大会上被充数做妓女陪斗。丈夫和儿子一本正经地给这位妻子和母亲开家庭批斗会，只因为接受了一个"摸不准来历"的路人的随口的一句指示。

不过，最底线的人性依然没有被摧毁——当关于妻子的"结论"被作为事实而为人们接受——先有"果"而后"因"被坐实后，许三观依然为妻子送饭，还能够善待一乐。许三观具有典型的中国男人的特点：平时骂妻打子，但在危急时刻总是充当家庭的顶梁柱，而且不时表现出父亲、丈夫的温情。许玉兰也是一个随处可见的家庭主妇：没有多少文化，惯于撒泼骂街，但又勤朴持家，用自己的精打细算使一家人得以度过三年灾害的困境。我的父母没有许三观夫妇的复杂纠葛，但父母经常吵架我是记忆犹新的。他们吵的时候，就是我们哭的时候。好几次，母亲受不了父亲的脾气，卷起包袱要离开时，我们使劲拽着母亲的衣角……父亲也知道：亏得母亲的忍耐、善良、心灵手巧，才让我们能彼此烤火取暖，才能一起艰难地走到现在——母亲经常叹着气说，那时吵架全是因为穷啊。

读一读，想一想：对只能"活着"的农民们，想让其从哲学意义上探讨人生：我为什么活着？我应该怎样活着？我将怎样看待我的活着？——是不可能的！全是废话！但，谁也不敢说他们没有真正地活过。许许多多的"许三观"们在这马上要过年的日子里依然愁容满面，泪水涟涟——他们还没有躲过贫穷或灾难，他们依然变着法儿以各种"卖血"的方式活着。

黑夜茫茫。凤凰卫视"文涛拍案"中正在转放网上热传的主题为"沉默的大多数"的多幅辛酸照片：交不起学费的孩子眼神中充满"上学成了传说中的希望"；被打流血的民工夫妻无声地呐喊"我只想要回我们的工钱"；满背垃圾的拾荒者脸上写着"母亲就这样老去"；背着尸体回家的老农哭喊"老天爷怎么没长眼睛"……

窗外零零落落的鞭炮敲打我那不安的心——保佑那依然生活在山沟里的父亲母亲；祝福天下所有像我父亲、许三观，甚至比他们还艰辛的人们。

（2005年春节本来订好了农历二十七晚回东北老家过年的车票，怎奈前去取时却被告知已售完，只好再等，看有无农历二十八或二十九的车票。从北京车站上车用站台票已不可行——我担心回不了老家了。想起在家等我的父母，心里不是滋味。写下斯文，聊表寸心）

3 并非一个人的苦难
——读《寻找家园》

前几天去扬州参加一个研讨会，席间谈到高尔泰的《寻找家园》。白发苍苍的商友敬，有着16年劳改之苦的他，提到高尔泰，一脸感慨；二十多岁的丁磁矿（网名司马旷）提到文中的细节，一脸敬畏；我呢，作为中年人，自有我的感叹。

丁磁矿告诉我，网上还有没收入文集的文字，不妨找来一读。于是回家马上搜寻，结果读到《没有地址的信》、《得福》、《老实人》、《天空地白》、《韩学本》、《杏花春雨江南》、《留在沙路上的足迹》、《唱歌》。加之前些日子读这本书时候的感觉，这些没有入选的篇章就像导火索一样，引爆了我满腔的感触——于是记下和高尔泰的"对话"。

——题记

在一次全校师生大会上，新任教导主任、外地来的老师李东鲁作报告，提倡多读课外书，反对"分数主义"。说只知道啃书本的学生不是好学生。"读书死，死读书，读死书"，分数再好也没用。这话我爱听，心里想，这家伙，跟我是一头儿的。没想到接下去提到我的名字，表扬起我来了……说我一个学期看了多少多少课外书，乖乖，还有数字。我努力克制自己，别让嘴巴咧开来，咧开来就会咧到耳朵跟前，那多不雅。(《时来运转》)

读着，也跟着嘻嘻地笑了。仿佛你就是自己班的一个调皮可爱的男孩。你努力控制要咧开来的嘴巴的形象顿时出现在我的面前。这个两次留级的孩子，却有着和众多同学不同的小脑瓜——那表情的背后分明是一种清醒的别样的嬉笑，这是一种有着独立思考精神的嬉笑，尽管那时还没有将嘴咧到耳朵跟前。所以，要想把你纳入统一的模式，把你"格式化"，给你套上"紧箍咒"是不可能的。

少年时你逛苏州园林，觉得浑身不自在："百折的回廊九曲的桥，在上面走连步子都迈不开，何况它并不通向哪里，转来转去又回到原处。"而那些假山、漏明窗、月亮门、水榭花坞，"在里面转来转去，自己也像是有几分假了"。你19岁教书，20岁写了《论美》，以至给傅雷写信，后来引发朱光潜、宗白华等著名学者的讨论批判。思想的果实成了"敌人在磨刀霍霍，胡风的幽灵又在高尔泰身上复活了"。

一篇《论美》创造了一个传奇。然而，你一直都是清醒的。你仍不断反思当时自己观点的不严密，而且这种思考一直伴随你去劳改、坐牛棚、蹲监狱，接受一次次批判、一次次批斗……无论怎样，你一直坚定地把思考指向未来。

看看他们个个呢服革履，内衣雪白，头发乌亮……角落里有一张单人沙发空着，我蹩脚过去，坐在上面。大家的视线落在地毯上，一连串黄色的脚印，隐隐约约从门口连到我的脚下。为掩饰尴尬，我往后一靠，架起腿。不料从鞋后跟洞里，流出一些沙来。布鞋子前面开裂了，咧开嘴笑，露出脚趾，像一排牙齿，他们都在看。那人眼睛一转，看地下去了，我松了一口气。（《上帝掷骰子》）

"看"到你的窘样，我呵呵地笑了起来。想想你从劳改农场来到这里给地毯留下的脚印和鞋里露出的"牙齿"，不能不说是绝妙的讽刺。刘姥姥进大观园，那是一种无知的讶异；你呢，却像一只高贵清醒的鹤，悄然降临在外表光鲜的鸡舍。我发现，这段描写，似乎就是你人生的预兆：一生的颠沛流离，没有自己的家，更谈不上穿好的衣服，只有一次穿上母亲和二姐赶制的新衣才得意了一回；妻子死去，陪同入棺的没有值钱的东西；女儿自幼和你一起劳改，长大进食堂；你进监狱，她上南开大学的资格被取消，得了精神分裂，最后死去；你呢，寻找家园的结果却变成了无奈的出逃。

你穿着露着"牙齿"的鞋子，从"地狱里"被请回来，画大跃进的胜利、画国庆节的热烈——于是，你在地毯上留下了一串黄色的沙粒勾勒的脚印。现在，你身在地球的那一边，用笔留下你人生的另一串长长的脚印。如果说那一次你的不好意思是因为衣鞋不遮体的害羞，那么，这一次呈现给我们的脚印却透着一种坦然和超脱：看到的是劳改农场的司令台前，席地而坐的一大片人，黑糊糊的，就像拾荒者晾晒的一地破烂；想象当年自己是车尔尼雪夫斯基去西伯利亚，为真理受尽苦难。那么，已经 70 岁的您，现在呢？

> 有一次我和他，还有孙儒侗三个人半夜里被叫出去卸煤。回来时听到段文杰说梦话，说"毛主席万岁！"，颇纳闷。第二天劳动时，老段变着法儿试探我们的反映，才知道他是装的。这就更难了。不过我们也坏，不约而同，都说没有听见。（《荒山夕照》）

哈哈，这次笑的声音很大。半夜笑声，惊醒了熟睡的先生，他以为我说梦话，睁开眼睛，发现我对书捧腹，嘟囔了一句："你疯了。""我没疯，是他们疯了。"先生没搭话。

这些人真坏。这种"坏"也是特殊时期的特殊产物。你看，老段的梦话就是一种苦涩的讽刺啊。互相间的揭发，为了赎罪的出卖，彼此间的痛打，麻木的愚昧的宣泄，你想啊，这样的伎俩当然不会博得任何同情与理解。

人性变兽性了，可兽性的东西居然产生人性的东西，也大奇——你笔锋一转，这样议论。1968 年，你在一个农场捉黄羊，那是一只精力充沛的生灵，被夹铰夹断一条腿之后仍然拼命地逃。你们沿着零星的血迹开始寻找、追赶，终于抓到了黄羊。

你坐下来。不料这个动作，竟把黄羊吓得急速地昂起头，猛烈地抖动身躯。你想，你在它心目中，是一个多么凶残可怕的血腥怪物啊！你想象山里夜游的小动物，狐狸呀，跳鼠呀，猫头鹰呀什么的，在惊逃到一个地方以后，转过身来，侧着脑袋观察这惊天动地的一幕——其实，人性已经不如兽性。

就像你感慨的那样，人变成野兽以后，生活就好了起来，人与人之间的敌意和恶意也就减少了，相处也就容易得多了。如此，那可怜的黄羊就不会被这样随意宰割；如此，你也许会不配合追杀这只已经发疯的黄羊。好在，你还是清醒的，你说："事实上也是的，我真难过。"

　　后来学王杰、学焦裕禄，大家又都哭。我想学学不来，就两手按着脸，尽量低下头去。从手指缝里斜眼窥看别人，发现有好几双晶莹的泪眼闪闪地观察我。连忙把头垂得更低，低得都快碰到膝盖了。(《入世》)

　　这一次，我没有笑出声，只是咧了一下嘴。想想那个时代，想想小时候学的课文《焦裕禄》，以及后来看李雪健演的《焦裕禄》——那个时候自己真幼稚，眼泪流了一大片。不过，焦裕禄在我的心中仍然值得敬重。特别是去年，听广播，纪念他去世40周年时其子的讲话，谈到当官腐败的问题时，他说因为自己是焦裕禄的儿子，他，以及全家不会和腐败攀上亲家。就凭这点，焦裕禄以及他的一家值得我敬重。

　　中国，一贯以树立典型为治国经验之一。高尔泰不也是曾经的学术典型吗？书中的唐素琴，不也是中学的劳模吗？想想我，不也是曾经被树立为小学青年教师学习的典型吗？如果说典型曾经作为工具被大家模仿和利用，那么，高先生所写的那些文字，就将这典型，用夹边沟那些不知名的骨骸和灰烬，用那仅仅10年就积攒下的几十万白骨、冤魂，在无尽风沙中掩埋得了无痕迹了。

　　历史多么残酷——残酷得使残酷没有痕迹。于是，这些典型只不过是被制成标本供展示之用。个体本身，和这些白骨又有什么区别呢？只不过前者露在外面风干，后者埋在下面烂掉。

正如一位读过此书的人感慨的——我喜欢观望废墟，在了无所存的遗址上徘徊。我祝愿那些欣欣向荣、孜孜进取的人们，但我们则属于那些毁灭的遗迹。地老天荒，废石残垣，或碎瓷，或锈痕，即使是一小块小泥版。高先生，您的文字就是那被毁灭后的废墟上的斑斑遗迹。

是的，除了王杰、焦裕禄，还有那个"蓝皮袄"的故事，那无辜的母子——请记住残酷中那件皮袄的温暖吧，记住文中那一串串留在我们心中的故事吧。尽管过几年你会记不起安兆俊的名字，常书鸿的起伏，韩学本的执著，窦占彪是怎么回事。不过，我敢说，他们的经历也许比王杰、焦裕禄更悲壮。

因为写了《寻找家园》，你真正地活过；因为除了会画画还会写作，你为活着找到了另一个辉煌——鬼门关附近徘徊的经历，娓娓叙来，惊心动魄，感天动地。或许，苦难真是您高先生的财富。不过我在问自己：你敢承受这样的苦难和冤屈吗？谁敢承受你历尽的涅槃后的绚烂？于是，我只知道跟着你一次次地笑。笑过之后，感觉有无边的悲凉将我笼罩。

下学期，我一定要讲《秋天的怀念》。读你，我读出了比史铁生的身体残疾更可怕的人为灾难。祝福你，高先生。为了你曾经的苦难，为了继续寻找家园，我们也要"好好儿活"。

因为，这苦难，不只是你一个人的；因为，这苦难，没有人知道它是否还会重演，甚或是否还正在上演。

关机，已清晨4时。睡不着。

室内暖气融融——心底，仍有无边寒意。

4、我信,故我幸福
——读《生命不能承受的轻》

    刘小枫在《沉重的肉身》中评价《生命不能承受的轻》时说:一旦性欲成了自在自为的性情,要抑制它的渴求,就相当艰难了。自己只能在心灵上顺服上帝的法则,而肉体却服从罪过的法则。

    托马斯有对无数女人身体的欲望,萨宾娜呢,也有对无数男人身体的欲望。两个人经常尝试性游戏——不过,托马斯最终还是选择了特丽莎沉重的身体,而不是萨宾娜轻逸的身体——这就好比"只发生一次的才是永恒的"与"只发生过一次的压根儿等于没有发生过"的区别一样。

    你看,情爱是两个人之间距离的改变。肉体之欢不一定是情爱,情爱中的两个人可能身体离得很远,可是心灵的距离却很近;没有情爱的肉体之欢,两个人的身体虽然绞在一起,心灵的距离其实很远——没有爱的肉体之欢,只是陌生的兴奋,过境即忘。

    昆德拉揭示了人性里一些隐秘的东西。其实,每一个人都如文中的男女主人公一样,心中有着一些神秘的结,藏着不可告人的一隅。

就好比我，我不觉得人性的欲望是什么累赘，我无法给自己灵魂的眼睛蒙上一块黑布。在自然的人性的欲望中忘我，是一件很美的事情，拥有此中感觉的人生是很美的人生。自然人性的生活也蕴涵一种精神。如果灵魂寻求美好的幸福，性感就变成了一种情愫。

对于自己喜欢的男人，我不把自己的忧郁泼泻在他的身上——自己像一片温软的青草地，汲纳对方身上燥热的阳光。

但是，寻找我的生命欲望所想象的"你"，这比大海捞针还难。偶然是非常重要的——偶然总叫我们惊叹不已，一生中的很多重要事件总是和偶然相联系。

在这个世界上，能够了解女人肉体上的那根细线的男人越来越少，尽管懂得女人的肉体何处易被触发性感的男人越来越多。女人的身体是亘古不变的男人想象的空间，男人的言语就像这空气的季候，一会潮湿，一会干燥。女人的身体为了适应男人言语的季候，必须时常更换衣服，不然就会产生病痛。

人说男人的自信是和性能力结合在一起的。不过，对于这一点，打个比方吧：一个人的欲望的实现就像穿过树林，他只能走一条路，而不能同时走几条不同的路。一个人的生命只有一次，但，一次的生命本来有想象中无限的可能性。在想象中，欲望可以面对各种可能性；而在现实中却只能选择其中的一种，别的所有可能性均被放弃。

女人呢，发觉自己的灵魂像一条蛛丝般的细线，很容易断裂，一不小心，就会跌入使自己身体变得毫无意义的地方。一个男人对一个女人说他爱她，得到了她的感情，然后又转身走掉了，而她却因为这些情话改变了自己的命运——从此跌入不幸，算不算心灵上的被窃？女人，往往把自己的身体放逐出去，可是，她的心灵却在哭泣。在那些男人的手中，自己只是碎片，是物体。可是男人却从来看不到她的眼泪。

所以，女人总是幽幽地哀怨：世界上没有爱，只有做爱，男人只想做爱。一个女人在遭遇偶然的生存裂伤后如何继续生活？一个女人的孤零零的无奈将投奔何方？一切结束后，只留下一片破碎的虚空。从此我再不肯"把身体借给他用"。

我想，男人、女人都有过道德焦虑。而对此，女人更多的只能是感叹，因为，寻找道德上的对错，根本没有可能——人与人之间情感上、心灵上的牵缠和受伤，是无法追究道德罪过的。

不过，正是你所蒙受的伤害令你成熟，成熟到使灵魂更加清纯透明——这清纯会成为凝重的信念：人生中依然有美好的幸福和景致——即便明天就要毁灭，今天仍然要种下一棵苹果树。

年近不惑，憧憬还在心头，顽强地不肯死去。自矜自得在于此，自怜自伤也在于此。

基斯洛夫斯基的问题是——纯粹的爱情只能是同一个苹果的两半重新再合。可是，一个苹果被切成两半后，分别被生命的无常抛到他乡，一半遇到另一半的机会就等于零。

一个女人要找到世界上最好或者自己最喜欢的男人，惟有相信自己碰到并选择的这个男人就是这个世界上最好或自己最喜欢的男人，她的这一欲望想象才会圆满。我信，故我幸福。

　　罗伯特，我对你感情太深，没有力气抗拒。尽管我
　说了那么多关于不该剥夺你以大路为家的自由的话，我

还是会跟你走，只是为了我自私的需要，我要你。

　　不过，求你别让我这么做，别让我放弃我的责任。
我不能，不能因此而毕生为这件事所缠绕。如果现在我
这样做了，这思想负担会使我变成另外一个人，不再是
你所爱的那个女人。

　　最终，《廊桥遗梦》的女主人公还是放弃了这段爱情，甘于在
日后的平淡生活中靠回忆来品味这情爱。这一切仿佛道出了人们生
活中的真谛：爱情不管怎样，都是有责任和义务的，如果你丢掉了
责任，爱情也就产生了阴影……如果你已经拥有了相濡以沫的亲
情，却又向往令人身心颤然的爱情，请珍惜现在的拥有，相比戏剧
化的爱情，它可能是更为可靠的幸福。

　　想透了，也就平静了，满足了——不是吗？

5 | 现实主义：人类受难的背影
——读《活着》兼答网友老伯牙

余华的小说《活着》有两个交互浮现的言说者，一个是福贵，另一个是"我"——民谣收集者。于是，《活着》有了两种语言风格：一是福贵式的泥土般的朴实无华；一是"采风者"的流畅优美、富有诗意。最喜欢结尾的两个自然段，不妨抄录如下：

> 女人吆喝孩子的声音此起彼伏，一个男人挑着粪桶从我跟前走过，扁担吱呀吱呀一路响了过去。慢慢地，田野趋向了宁静，四周出现了模糊，霞光逐渐退去。
>
> 我知道黄昏正在转瞬即逝，黑夜从天而降了。我看到广阔的土地袒露着结实的胸膛，那是召唤的姿态，就像女人召唤着她们的儿女，土地召唤着黑夜的来临。

此等文字，融化了人生的悲剧，在广阔的土地上，黑夜来临，但"活着"的精神早已深深扎根。它让我们感动，让我们思索，让我们回味……让我们在经历这一切之后好好地活着。也许这就是余华想告诉我们的：生命中，其实是没有幸福或者不幸的，生命只是活着，静静地活着。

> 凤霞被领走那一天，我扛着锄头准备下地时，她马上就提上篮子和镰刀跟上了我。几年来我在地里干活，凤霞就在旁边割草，已经习惯了。那天我看到她跟着，就推推她，让她回去。她睁圆了眼睛看我，我放下锄头，把她拉回到屋里，从她手里拿过镰刀和篮子，扔到了角落里。她还是睁圆眼睛看着我，她不知道我们把她送给别人了。当家珍给她换上一件水红颜色的衣服时，她不再看我，低着头让家珍给她穿上衣服，那是家珍用过去的旗袍改做的。家珍给她扣纽扣时，她眼泪一颗一颗滴在自己腿上，凤霞知道自己要走了。我拿起锄头走出去，走到门口我对家珍说："我下地了，领凤霞的人来了，让他带走就是，别来见我。'"

以上，是福贵沉着的语言。"福贵"是身在苦难中的生活的见证者和承受者，他用极本色的语言，诉说着极平常的过去。然而在这文字间，有一种隐忍震撼了我的心。撼动心灵的不是语言，而是故事本身，是"活着"的——艰难与感人。

用这两种语言表达的《活着》，将我对书中一个个美好人物的美好期待，逐个打碎。余华就像一个熟练的外科医生，慢条斯理地将生活的残酷本质，从虚假仁道中剥离出来。这近乎无情的"冷"，就像压在我心头上的一块石头。

难道是无独有偶？《许三观卖血记》里，许三观以"卖血"维持一家人的生活和生命。正如我在《父辈：用生命延续生命的人生》中写的："一次次卖血，一次次卖血后到饭馆里喊一声'一盘炒猪肝，二两黄酒'，末了还要加上一句'黄酒要温一温'。这声音，一次次响起，从结巴变成了老练，走过壮年到达人生的迟暮。"然而，就是这老练而又凄厉的声音，使他全家躲过了一次次的灾祸和劫难，在厄运和困境中求得生存。

《活着》也选择了"血"这种令人感到窒息的载体。福贵原本是养尊处优的纨绔弟子，然而祖宗的福荫没有庇护他躲过后来的天灾人祸：他那极富于长跑天赋的儿子为了救县长的妻子，被医院抽干了血；他的哑巴女儿好不容易挨近了幸福生活，却在产房里大出血死去了。死者长已矣，生者更可哀。最后，福贵与一头也叫福贵的同名老牛相依为命，超然地活着。这种"活着"虽然应了民间的一句话——"好死不如赖活"，但其意义已经不同。

张艺谋导演的《活着》似乎更多些人生的热闹和温情，但同时也显得虚伪了。那种合上书本才会感到的隐隐的痛，被大跃进、文化大革命的"火红场面"取代；故事的结局已完全改变——福贵在城市里活着，没有"馒头"（小说中的"苦根"）的死，更没有那头和他一样老而不死的牛的故事；家珍呢，她压根就没有"病死"（巩俐扮演），而且还很"漂亮"地活着……

或许小说《活着》中人的命运昭示是——人类苦苦追寻的一切不过是虚妄而已。结尾那个与福贵同行的老牛，暗示了一个令自命高贵的人难以接受的事实：其实人真的只是一种存在，它和万物一样并无意义。可电影《活着》完全消解了《活着》最终要表现的在繁花落尽、一片萧瑟中对生命意义的终极关怀。

电影的《活着》成就的是一段时空内时髦的东西，而小说《活着》更有历史的张力，所以我更愿意"读"《活着》，而不是

"看"《活着》——小说《活着》让你从文字的沉静走向沉痛，最终走进沉重。这使人对在历史的跨度下、人生的长河中解开宿命浪漫的面纱，褪去其空虚浮华的粉饰，而去活着，会有一个全新的、甚至脱胎换骨的认识。

也许，张艺谋导演了解在相当长一段时间内，以现实主义为标榜的中国主流文学对《活着》的批判，并认同批评家认为的——将福贵的最终活着类比为牲畜一般的生存，应予以唾弃。他为此而改造了故事的一些情节和最终结局。其实，这恰恰暗示了另外一个事实：以现实主义作口号的现实主义，其实是最不敢面对现实的。本质上，人活着本身，除了在自己所处的空间活着以外，并无任何意义。如果一定要赋予意义的话，那么，惟一可以算作意义的，还是"活着"的本身——也许，这才是真正的"现实主义"。

所以，在"活着"的中国作家里，我喜欢读余华，也喜欢读史铁生——惟有"人"用鲜血和生命书写的这些东西，才熠熠生辉，照亮了人性，亦即许多许三观、福贵们的人性。《我与地坛》、《病隙碎笔》、《务虚笔记》，以及刚刚读过的《想念地坛》——史铁生的文字充满着丝丝缕缕的生命的苦涩，更有生命的哲学；史铁生的作品让人拥有生命的尊严，更有生命的高贵。

如果说《在细雨中呼喊》、《许三观卖血记》、《活着》构成了人从少年到中年、到老年的"苟延残喘"地、冷漠地忍受践踏地活着的一生，那么，面对那"个体的尊严，一块最高贵的遮羞布，在无耻地丧失"的生命，余华的确让你我置身于生命的荒原而窒息。他们的确不同，但相同的是他们依然"活着"——无论以怎样的方式。

6 品味爱情的传说

——有感于张爱玲的爱情小说

看过张爱玲的几本小说，如《倾城之恋》、《五四遗事》、《金锁记》、《十八春》、《茉莉香片》，看过之后，人物和故事都渐渐远去了，留下的是她对于爱情和女人的种种让人感到凄凉的描绘。

比如《倾城之恋》中的情场老手范柳原侃侃道："一般男人喜欢把女人教坏了，又喜欢去感化坏女人，使她变成好女人。"没想到善于低头的白流苏比他更精灵通透："你要我在旁人面前作个好女人，在你面前作个坏女人……你要我对别人坏，惟独对你好。"女人总摆出一种怕被玩弄却又故作深沉的姿态，好像在吃糖拌苦瓜。

《今生今世》中依然读到女人的悲凉、女人的委屈——

男人啦，每换一个城市，甚至换一个国度，总要为自己的肉体找到暂时存放的地方。爱不过是他肉体的一张包袱皮儿，女人只不过是他众多存放的地方之一。他们会越做爱就越空，肉体就越饥渴。

如果女人想留住一个男人，只需要挑动她最坏的本质。

　　男人总希望成为女人的第一个爱人，女人大多直觉
比较敏锐，她们愿意成为男人最后一个情侣。

　　男人只会变老，绝对不会变好。

　　好女人眼界窄小，地平线细小，兴趣低庸。她们要求
我们好，但如果我们好的话，她们却不爱我们。她们希望
找到坏的无可救药的我们，离开好的毫无吸引力的我们。
　　……

　　透过上个世纪初张爱玲对爱情的描述，我开始同情那些在爱情
的名义下互相折磨的人们。一个女人很难遇到一个自己爱恋的男
人，同时，一个男人也不是总能遇到一个可以爱恋的女人的，他也
有寂寞、哭泣的时候……遗憾的是，男人或女人为了这欲求，往往
只是为了一丝细小的感情就抛出了整个生命，就在情感的某一个尖
锐点上牺牲了一生的幸福。

　　旧上海的爱情演绎在张爱玲的小说里，是如此地复杂和充满折
磨，而在现实中，爱情有时候又是如此地简单，以致于只有一个理
由——"为了革命而结婚"。去年到新疆教师进修学校给新疆老师
培训，发现了一个有趣的现象——那里的汉族教师大多是当年王震
率领的建设兵团里的爱情结晶。怎么让来新疆的年轻战士安心于
此？王震到老家招集了将近 5000 位年轻的姑娘，根据年龄的不同
给建设兵团的战士进行配对。这里，没有张爱玲式的缠绵爱情的小

资情调，没有中国古代贵族式的公子小姐的爱情纠葛，一切都那么单纯："我把青春献边疆，我把爱情献新疆。扎根那里不算完，还把儿女献那里。"或许，正因为他们把爱情理解得朴素，一生的相濡以沫就更有了一份悲壮，能一路磕磕绊绊、风风雨雨到达幸福的彼岸。回顾电视剧《激情燃烧的岁月》的结尾——石光荣和褚琴在国庆节的庆祝活动，看看他们，难道说他们的脸上没有满足？如果他俩要像白流苏和范柳原那样绕一个弯子再结合，单纯的情感是否就蒙上了一层世俗的面纱？

时间已经进入 21 世纪，我们的爱情是否因为社会的进步与发展，而走过"扭曲"或"简单"，进入更加文明高雅、令人神往的境界了呢？在这个令人燃烧的时代，我所见到或读到的爱情里，不仅依然存在张爱玲式的爱情解读，而且其中仅有的一丁点高雅和含蓄也快丧失殆尽了，有的就是大胆和露骨。爱情成了一种消费品，就如同一个饮料瓶，人们只是在爱情的名义下把饮料喝干，至于瓶子，就丢弃了，只剩下空洞的回响——今天的爱情很空。也许爱情成了李敖所说的"只爱一点点，我的爱情变化快"的种种？爱情对于双方都成了简单的"'性'致勃勃"？凡是享乐所牵涉的良心问题，他们无不熟悉也不会在乎；遇到爱情困惑和问题，他们各显神通，想出种种新办法来解决或者解脱。没有爱情，他们也会玩弄爱情，还会调侃爱情。他们的天地是爱情，爱情是他们生活的主旋律。爱情就好比唾手可得的面包，爱情成了借口和遮羞布，用来隐藏没有心灵真爱的事实。

爱情是如此地冷漠，没有一丝温暖的感觉。

如果两个人相爱，为的不是温暖，究竟又是为了什么呢？一个人，倘若毛孔被外来的灰尘塞满了，他体内的杂质也就无从释放。所以，男人善于关闭自己的心灵，只听从于唾手可得的温暖，就好像女人也关闭心灵，只听从于物质世界里的枝枝蔓蔓。

年少的时候，读过《简·爱》、《呼啸山庄》、《红楼梦》……看过山口百惠和三浦友和演的所有爱情电影，书和电影中的爱情成了我的一种向往。曾因现实的生活中没有我心中的"罗切斯特"而忧伤；曾经因为看《绝唱》而感觉爱情就是绝唱，在电影院里悲痛欲绝……十几年过去了，忧伤之后的痛苦所得，使我发现自己心中依然留存着一种特别的温暖、一种特别的精神庄重——对爱情依然抱有的神圣美好的期待。让自己的爱得以进一步成长和高贵，成为我人生的理想，伴随着我生命的脚步。

当然，仅仅有温暖是不够的，男女之间的爱一定还要有理想。温暖，还是有很多东西可以给予的，比如暖气、太阳、酒精，或者性。而理想恰恰是这一切都无法给予的。只有对爱情拥有理想，心才可以作为一泓有源的活水。想一想、再看一看周围的故事，我敢说，现代人尤其是青年或者少年，很难懂得爱可以成为一种绝对的理想而存在。所以，最让我担心的是，看到理想离自己一分一秒地远去，走进温暖而又物质的现实。看到胡兰成一站一站的漂泊和颇为自得的爱情经验，看到令人温暖的老套和可笑，读到张爱玲写给胡兰成的"躲在尘埃里，开出最美的花儿"的心句，以致知道她最终痛苦离别，只身美国而后一人孤独 30 年的心路历程——多想对她说：你躲在理想的爱情里、实践在你小说的爱情里该多好啊！干嘛要走进现实中？当然，看到周围的朋友理想的伤口在流脓血——我也劝道："坚决不能走进的，你听见了吗？"

爱一个人，对我来说，就是无论如何要与他一起共享幸福和分担苦楚。但，幸运的情爱只是一种偶然相逢。偶然的基数太大了。一个人活在世界上要遇上性情相合的人的机会几乎是零——上帝从没有许诺，也不能保障性情相契的两个人一定会相遇。不过，遗憾是生命的本质，把这凄美的遗憾留在心中也是一种期待。这种绝对的理想就是两个人都活在没有空间的世界里。爱，只有在两个人彼此看不到对方的现实时，才能够绝对地继续。

　　对于我，追问爱情是什么，这本身就是一桩温暖、纯洁的事情。这样，理想中的爱情，才能任意飞翔，犹如《红玫瑰与白玫瑰》中说的"魂儿"，但这"魂儿"丢到对方的身上去了，如水的男人慢慢渗透在丝绵般的女人的每一个毛孔里，直到他们无法接受一丁点别人的爱情。我庆幸我出生在 20 世纪 60 年代末 70 年代初那个还算"封闭"的时代，我庆幸自己懵懂于那个时代关于爱的启蒙，我庆幸在当今这样的一个爱情错位的秩序里能保留关于神圣爱情的理想与憧憬，能理性地把这理想的花骨朵藏在心里，让它开在我的生命里。

　　至今，我的心底仍有某种纯洁的东西一直存在着，压抑着，控制着，向往着。就是因为那一点纯洁的东西，当我诠释爱情的时候，在我的心中幻化的，往往是一种场景，一种情绪，甚至一个眼神，而不是一个现实的故事。梦一般迷离的场景，有一点坐立不安，有一点飘飘欲仙，也许还会有一点黯然神伤，有一点脆弱，有一点不食人间烟火。扑朔迷离的《雪国》里，岛村尽管知道"驹子是爱他的，可他自己有一种空虚感，总把爱情看作一种美的徒劳。"——试想，这样又何尝不好？

7 另一种谈话形式
——读《查特莱夫人的情人》

1994 年的情人节那天，我和好友崔晶一起观看了电影《查特莱夫人的情人》。印象最深的是结尾——梅勒斯（电影的中文只称"梅勒"）独自一人站在船头，一脸惆怅——他不得不离开自己心爱的人和生他养他的地方，前往印度。突然，广播里传出一个声音：请梅勒先生到一等船舱！一愣，正当旁边的胖子提醒他时，他已经转身飞快地跨过一个写有"贵族船舱"的牌子，寻找康妮去了。

记得这部小说只是用梅勒斯的一封长信作为结尾，让人总是担心他们今后是否能够真正走到一起。不过，电影的改编，让我心中的石头落了地——梅勒跨越的仅仅是一个牌子吗？他跨越的是地位的悬殊、阶级的隔阂。那是多么让我激动的故事结局啊。

10 年过去了。

2004 年——我买到了人民文学出版社出版的全译本。这部世界文坛最令人震惊、最引起争议的书，在劳伦斯去世 30 年以后，直到 20 世纪 60 年代才被解禁，所以这也是迟到了 30 年的中文正版全译本。是的，不必在意《查特莱夫人的情人》的文学价值，作为20世纪最引人注目的小说之一，它已经成为一个时尚的文化符号，随时尚的潮流转瞬即逝，但是谁也说不清楚它什么时候又会回来。我只需要在履历表上记下，2004年的北京，并在书的扉页印上我的藏书章。

这次再读，我有了新发现！

的确，劳伦斯相信，人类的性爱具有至高无上的价值。也许这个世界上没有一个作家能像他那样，以宗教般的热忱赞美人间性爱，以细腻微妙的笔触描绘两性关系中那种欲仙欲死的境界。不过，也的确如郁达夫所说，读了，并没有产生淫恶。

读到书中人物杜克斯说的"性交，是另一种形式的谈话，在性交中，你是把话做出来，而不是说出来"时，恍然大悟：作为能思考的动物，不正是如此吗？我从那伴随着炽烈的性爱体验的描写中，似乎读到了另一种谈话方式——用这种方式说明如历史、政治、宗教、经济等诸多问题。

康妮，面对贵族阶级的僵化虚假，面对残疾丈夫的变态，"她模模糊糊地意识到有关人类的一条重要法则：当富有情感的灵魂受到了伤害打击，而肉体没有被打击所杀死时，随着肉体的痊愈，灵魂似乎也痊愈了。但这只是表面。慢慢地，灵魂受到伤害开始显现，就像是暗伤，越来越痛，直到充斥心灵。"随着岁月的流逝，慢慢地，康妮感到那由惊骇和恐怖造成的暗伤露头了……康妮感到它在自己身上扩散。一种内心深处的恐惧、一种空虚、一种对一切事物的冷淡，正逐渐在她心灵中蔓延开来。

这时，梅勒斯出现了。对两人的第一次相遇，文中这样描述："他的目光与她的瞬间相遇，仿佛一下子醒转过来，他觉察到了她。"

她也觉察到了他。森林老树那无言的含蓄，使她浮想联翩："她看见难看的马裤褪到纯净、精巧、洁白的臀际，胯骨若隐若现——那种孤独感，那种一个生命的纯粹的孤独，深深感动了她。那完美、洁白而孤独的胴体，它是属于一个独自居住、心灵也孤独的生命的……那不是物质之美，更不是身体之美，而是一种闪光，是热度，是一个生命的白色火焰，以可以触摸的轮廓显现出自己：肉体！"于是，她不再感叹：男人早已绝迹。

天赐的差别就是为了能够亲近。各不相同的面庞、地位，愿望和秘密变成了一种渴望，进而成了一种欲望，去不自觉地寻找一份自由。由此，漂亮的肉体已经不单是肉体。心魄在敞开的肉体上敞开，不尽的诉说不期而至，盛开在敞开的季节里。

就这样，在这个各种鲜花开满的春天，她踏着幽幽的小径常常来到他住的简陋但很别致的小屋闭眼静坐，还要看看梅勒斯喂养的小鸡——她不由得感慨：生命，生命！纯洁、闪光、无畏的新生命，这样的无所畏惧，甚至钻出妈妈的羽翼。小东西在康妮的手里，用两条细得像火柴棍似的腿立在她手上，看着这大千世界，还把冒险的走出当作游戏。

忽然，他看见一滴眼泪落在她的腕上。他的心像被扔进了一团火，突然融化了……

她成了大海，海中只有那幽暗的波涛，澎湃上升，形成一个巨浪……她是那翻动着黑暗海水的海洋……深深的海水分开，她越来越深、越来越深地暴露着，更为沉重的波涛涌向了海岸……她知道自己触了电，飘飘欲仙，方死方生，她消失了，她出生了：一个女人。

最终她相信肉体的生命比精神的生命更真实：只要这肉体被真正地唤醒。世界上太多的人，都像那著名的鬼机器一样，精神仅仅依附在自己行尸走肉般的躯壳上。

　　梅勒斯呢，他的行为是否说明——我要把机器全部消灭，不使之存在于世上，把这工业时代毁灭得干干净净，由此，返璞归真，回到健全的、本性的、感情的生活？和康妮的融为一体证明——他虽与她柔情相亲，却始终保持着自己的骄傲、尊严和一个男子汉的完整——地位的完整、阶级的平等。这就进一步表明着："我赞成人与人间这种肉体醒悟的肌肤之亲，这种柔情的肌肤之亲。她是我的同伴。"这是一场战争，这战争反对金钱，反对机器，反对这个世界的兽性道统。她将在他身后做他的坚强后盾。感谢上帝，他有了个女人了；感谢上帝，他有了一个和他在一起的女人，她既温柔又理解他。感谢上帝她不是悍妇，也不是傻瓜。当他完成了自己的使命时，他的灵魂也在这种远远的生殖行为的背后创造性地播射着一种思想。

　　当康妮裸体给梅勒斯簪花于下身之时，他俩也在谈论人生、咒骂统治阶级。于是，我终于感慨，劳伦斯是借多次的"性交"描写来表达一种东西——换种方式骂英人、骂工业社会、骂机器文明、骂黄金主义、骂虚假的理智，他要人归返于平等的自然的人性。难怪有人称，劳伦斯是看见欧战以后人类失去了生气，所以发愤而作此书的。

　　两个人的结合，使我看到了人之所以为人的真正希望，把一个具体的历史和永不结束的渴望敞开给你——他们即将诞生一个属于他们自己的爱情结晶。他们做爱做出了火焰，就像花儿，是太阳与大地做爱的结晶。这结晶，不带有高高在上的太阳贵族的或低低在下的大地仆人的烙印——人与人已经完全整合，分不出统治者与被统治者。当然，正如书中结尾梅勒斯写给康妮的："这是一件微妙的事情，还需要耐心和长时间的等待。"

梅勒斯还告诉康妮——现在是贞守阶段。贞守是多么美妙啊，就像他灵魂中的一条冷水之河。他热爱现在流淌在他俩之间的贞守。它像淡水，像雨。男人岂能日日风花雪月。但是，他们很大程度上是在一起的，他们别无他法，只有坚持下去，循着各自的航道前行，争取早日聚首……

蓦然，觉得梅勒斯才是真正的绅士！梅勒斯虽然是狩猎人，一个仆人，但是，他的简陋的小屋依然有个小书架，上面放着一些书。有关于苏俄的，有几本是游记，有一本是讲原子和电子的，还有一本是研究地心构造和地震原因的，此外是几本小说，还有 3 本是关于印度的书——这么说来，越发觉得他应当是受过教育的爱读书的人！因此，他的精神世界是丰富的，抑或是深刻的，所以他厌恶了他认为腐朽的文明生活，选择了自我流放，选择了自食其力，寄情于山水，所以他才有那么长篇的、精彩的写给康妮的信。

原来，只有肉体而没有精神的关系是野蛮的，只有精神而没有肉体的关系是空洞的。他俩都认识到了这一点。这使两人能相守并长久的重要的因素。所以，从这个意义上说，劳伦斯笔下的两个角色塑造得合情合理、意味深长。

还是化用史铁生的《务虚笔记》的结尾一句作为读后的总结吧：是差别推动了欲望，是欲望不息地寻找平等。这样，上帝就缔造了一个永动的轮回，或者，这永动的轮回就使"我"诞生。

玉的悲歌

——读《穆斯林的葬礼》

一个穆斯林家族，60 年的兴衰起落，三代人的命运沉浮，两段爱情悲剧，两个时代的葬礼——霍达以独特的视角、真挚的情感、丰厚的容量、深刻的内涵、冷峻的文笔，宏观地回顾了中国穆斯林漫长而艰难的发展足迹，揭示了人物在华夏文化与穆斯林文化的撞击和融合中独特的心理结构，以及在政治、宗教氛围中对人生真谛的困惑和追求，塑造了梁亦清、韩子奇、梁君璧、梁冰玉、韩新月、楚雁潮等一系列栩栩如生、血肉丰满的人物，展现了奇异而古老的民族风情和充满矛盾的现实生活。

读中，如泣如诉；掩卷，余韵绕梁——让我的灵魂得到了一次纯洁的过滤。

一个艺人，要把活儿当作自己的命，自个儿的心，把命和心都放在活儿上，这活儿做出来才是活的。人寿有限，"无常"到来，万事皆空；可你留下的活儿，它还在人间。历代能工巧匠，没有一个能活到今天，可他们琢出的玉器呢，不都一个个还活着吗？

这是梁亦清对琢玉事业的解读。其实，这何尝不该是我们对自己事业的体悟呢？无论是做什么，种地、养花、教书、写作——三教九流，五行八作，其实没有高低贵贱之分，只要你倾注真情、付出真心，你做出的活儿就会被赋予鲜活灵动的生命。

梁亦清的执著，在两个女儿身上以不同方式延续了下来。

大女儿君璧，执著地固守着"家"的外壳。她一生有什么？丈夫！儿子！性格要强的她、坚守穆斯林习俗的她，无法容忍一个名存实亡的婚姻，最后怀着一颗恕罪之心——虔诚地为新月在葬礼上祈祷，而这真能减轻心理上的愧疚吗？

执著地固守爱情内涵的二女儿冰玉，带着对女儿几十年的思念，带着对韩子奇的怨与恨回来了。

　　不必说了，过去的一切都不存在了！我只想告诉你：我是一个人，独立的人，既不是你的、更不是梁君璧的附属品，不是你们可以任意摆布的棋子！女人也有尊严，女人也有人格，女人不是男人钱袋里的钞票，可以随意取，随意花；女人不是男人身上的衣裳，想穿就穿，想脱就脱，不用了还可以存在箱子里！人格、尊严，比你的财产、珍宝、名誉、地位更贵重，我不能为了让你在这个家庭、在这个社会像"人"而不把我自己当人！你为了维护那个空洞虚弱的躯壳，把最不该丢掉的都丢掉了！……

然而，控诉的结果还是"你想见的，不想见的，都走了"——这位老人太凄凉。她的感情依托在哪里？

　　身处两人之间的韩子奇，情感左右摇摆也左右为难。和女人之间，爱情和婚姻究竟是不是一回事？我想，他不知怎么回答也不知怎么办好。感情之外，我们还会从韩子奇的人生经历中感悟到一部玉器的兴衰史。他的名字让人沾满了泪，让人发疼。这是个怎样的男人？这是怎样的人生？他所置身的又是怎样的民族？今天的穆斯林民族的脊梁，是不是这些顽强、不屈不挠而又拥有灵巧、智慧的血性汉子呢？

　　最让我心疼的是韩新月。她的葬礼我读了3遍——纯洁美丽的新月几乎没有享受到一点母爱，就带着深深的遗憾离开了她的雁潮。雁潮看不到他心中的月儿。为了让心爱的人安静舒服地躺在坟墓里，他竟第一个跳下去试坑。第一次葬礼，作者花了大量的笔墨描述回教的风俗。然而新月的葬礼让我们在透视回民文化与我们汉文化的类同和差异的同时，也看到了共同的悲剧——生命的脆弱、人生的无奈。或许谁也不知道，葬礼究竟为谁而举行。在可耻的年代里，没有一个真的、善的生命能够逃过压抑和悲凉，他们的真情和爱情只能在坟墓里得到啊！

　　霍达说，小说中的人物来自生活中的真实人物。因此，我眼前的新月是真实的。真实的北大校园描写，真实的同学之间的友情叙述，真实的老师和学生之间由师生情上升而成的爱情。这个北大外语系的年仅18岁的新月，在自知生命短暂的情况下，仍顽强地开出昙花一现的生命之花。我在想，现世还有没有这样的女孩？楚雁潮对新月说过两次的"爱情是给予，是奉献！"，韩新月的"老师，我们之间是爱情吗"？越读越觉得比当下流行的"你的柔情我永远不懂"来得不知至真至纯多少倍。

新月的诞生，就像我们的某些时代，也许从一开始就是一个错误。然而，新月在这错误中又加上了一笔：在那个容不得浪漫的时代，期待浪漫。她的师生之恋必定会走向死亡。生命在命运面前似乎有些微不足道，哀歌便由此而来——那么韶华的年龄，那么鲜艳的生命就这么没了。霍达，你把他们一个个送出人间——这样的结局也太悲惨了！我已经为一个个生命的哀歌而痛哭不止了。然而这就是现实。人生不让你有蓝图，走完了人生并不等于完成了人生。因此，感动、悲痛之后，我还在追问：是谁摧毁了这个穆斯林家族？韩子奇的所作所为错了吗？楚雁潮在已经变成果园的坟墓前拉小提琴，新月能听到吗？作为妻子又是母亲的梁君璧，她的过错有没有值得同情或理解的地方？梁冰玉的爱情在现在的人世间会有好的结局吗？

为什么？为什么博雅斋的历史——玉的历史，最悲惨、最暗淡的，是在 1949 年之后？

9 眼泪伴随我们一生
——读《约翰·克利斯朵夫》

第一次阅读《约翰·克利斯朵夫》是为了完成函授作业。书的扉页上还写了一段话,"也许约翰·克利斯朵夫是我的偶像:一个真实的人,像火一样渴望美和爱情,无论任何险恶和遭遇都不能阻止他心中不泯的理想。"十几年过去,拥着活生生的现实经历,再读,已不再充满激情与斗志,而体察到了约翰·克利斯朵夫那脆弱柔软的心——一个爱流眼泪的人的心。

亲　人

祖父米希尔帮孙子编曲,取名为《童年遣兴》,还题上了小克利斯朵夫的名字,让他弹奏,并呈报宫廷开了专场音乐会。小克利斯朵夫的表演受到全场欢迎,大公爵夸这个6岁孩子是"再世莫扎特"。孙子受到莫大的鼓舞,紧张得不会说话,眼泪簌落落地直掉,也让祖父高兴得哭了起来。

父亲曼希沃醉死在磨坊旁边的水沟里,母亲扑在他颈上痛哭,他扑在父亲身上,挨着母亲,一块哭着。牵挂和担心一直陪伴着她,鲁意莎，这位劳累一生的厨娘母亲——为了儿子委曲求全，背着自己的酒鬼丈夫偷偷流泪，为儿子离家逃亡而流泪。当儿子再回德国的时候，母亲老了……这样的母亲必定是世界上活得最苦的母亲，这样的儿子必定是世界上活得最累的儿子——当母亲离去，当儿子经历那么多沧桑，再回想母亲的善良和坚强，他怎么会不流泪？

舅舅高脱弗烈，这个乡村货郎崇尚自然，他给了约翰·克利斯朵夫另一种教育：让约翰呼吸田野清新的空气，在夜里感觉大自然交响曲中数不清的乐器，到生活中去创作真正的音乐……当约翰·克利斯朵夫一次次遭受爱情打击而消沉下去，整天和一些不三不四的朋友泡在酒馆里的时候，还是舅舅帮助了他，使他突破情欲之网，重新振作精神，埋头音乐创作，克利斯朵夫警醒了。舅舅去世时，约翰的眼泪一滴滴掉在积雪的土地上。

为亲人的贫穷、离别、死亡而流的眼泪——不但成了约翰·克利斯朵夫思想与艺术的导师，也成了他意志与品格的导师。它使生活经历不多的主人公，体味了双倍的生活艰辛。悲伤使人敏锐。席勒说，亘古常新的昨天，永远是过去的，也永远会再来。当你知道世界上受苦的不止你一个时，你定会减少痛楚，而你的希望也将永远在绝望中再生！

友　人

人如世界的经纬，总会相遇，总会分离。在这些关系中，除了亲人，还有那些与克利斯朵夫发生联系的友人，他们就像约翰·克利斯朵夫心灵的胞衣，营养了他的心。

奥多。一次赴乡间野餐，克利斯朵夫在渡船上结识了博学多闻的奥多，两人成为知交。与奥多的友谊成为他未来爱情的先导。为了约翰，奥多曾伏在枕上哭过。可当约翰只身逃到法国，找他寻求帮助的时候，做着服装生意的奥多却害怕地推脱掉了——约翰没有责备，但留下了眼泪。

苏兹。一位老人，读约翰的作品时，手瑟瑟地抖着，大颗泪珠从腮帮上淌下。老人心跳着，流着泪，嘟嘟囔囔地嚷着："啊，我的天！……啊，我的天……"老人病重时，约翰悄悄地哭了一场。

奥里维——克利斯朵夫最好的朋友，他们有着最为亲密的友谊，那是一种能够互相听见心跳的友谊。他们的亲密就像是一对恋人。在我看来，他们就像是两只远离尘世的鸟儿，在心灵的世界里相拥、歌唱。当克里斯朵夫发现自己和奥里维都爱上了工程师的女儿雅葛丽纳时，他主动退出，促成了他们的婚约，并搬到别处。令人悲伤的是，在一次"五一"节的游行示威中，克利斯朵夫与奥里维被卷进了群众队伍并同警察搏斗，结果奥里维在一片混战中受伤而死——约翰横躺路上，号啕大哭…… 茨威格曾写到，奥里维是法国文化的精华，约翰·克利斯朵夫则是德国力量的代表。智者被强者提高，强者被智者净化。这种相互的喜悦对两个民族来说是一种象征。他们共同构筑了一个最高的理想，把西方的两个翅膀联系在一起，让欧洲精神自由地翱翔于血淋淋的过去之上。

安托瓦内特——奥里维的姐姐，一个让克利斯朵夫内疚的少女，一个让克利斯朵夫为之谱出无数曲子的女子。她和克利斯朵夫有着两个错过，一是那两列反向火车上双目对视的错过；一是在巴黎时她的死去。他们就如两颗不同轨道的流星，在即将相知的刹那，却错过了……那是一种怎样凄凉的美丽。也许没有结局是最好的结局——"我只能给她一滴浊泪，为她突然的离去，为我渐次麻木的心灵"。

友人们把所有的能量都转到了克利斯朵夫身上。当朋友一个一个离去，他怎能不孤独？虽然他经常流眼泪，但他懂得，"真正的光明绝不是永没有黑暗的时间，只是永不被黑暗所掩蔽罢了。真正的英雄绝不是永没有卑下的情操，只是永不被卑下的情操所屈服罢了。所以在你要战胜外来的敌人之前，先得战胜你内在的敌人；你不必害怕沉沦堕落，只消你能不断的自拔与更新"。

爱　人

一个叫弥娜的女孩，参议官新寡太太克里赫的女儿，从柏林搬来与他家毗邻。太太请他做女儿弥娜的家庭教师，教女儿弹琴。弥娜和他年纪相仿，很赏识克利斯朵夫的天赋和品格，也不时修正他的举止和仪态——对他产生了好感。很快，弥娜的母亲窥破了他们的关系，她以出身、门第和财产为由极力反对。他们轻轻哭着，抽抽噎噎压制自己，她把浸透泪水的手帕掉在地上，他偷偷捡了去。

此时的克利斯朵夫，正处于用愉快而得意的梦境麻痹自己的年龄。那个对约翰痴情的洛莎，心里有甜蜜的骚动——爱人家的得不到人家的爱，被人家爱的偏不爱人家。自己痛苦，也叫别人痛苦。

萨皮纳——年轻早逝的寡妇。两人没有真正在一起，彼此克制着——"爱情，爱情，难道只有把所爱的人糟蹋了才能得到爱情吗？"他心中不受攻击的隐秘的地方，牢牢保存着萨皮纳的影子。她潜伏在爱人胸中，像儿童睡在母腹中一样。

当帽店服务员阿达出现时，情欲的巨潮把思想卷走了。阿达的堕落、她的将纯洁的感情加以侮辱而后快，使约翰认为原来女人的灵魂是死的……接着又有女演员法郎梭阿士的出现……约翰最终悟得：只要心不变，肉体的堕落是不足道的；要是心变了，一切就完了。爱人的肉体，以及这个神圣肉体中的灵魂，能代替所有学问、所有信仰。然而精神的大树一倒，藤萝般的爱情就失去了依傍，这样，两人就在爱情中毁灭。

爱一个人就因为爱，用不着多大理由——美丽的格拉齐亚给了约翰最纯粹的爱。这个在童年就爱恋克利斯朵夫的女子，成为克利斯朵夫晚年最知心的朋友。他们之间的关系是那样地纯洁与神圣，以至于脱尽了所有的尘俗，升华为爱情。

克利斯朵夫是公认的音乐天才，但真正懂得他音乐的人却是那样少。人们可以把他捧起，也可以把他拉倒，但是却改变不了他对音乐真理的追求与热爱。太多人只知道跟随潮流，其实他们根本就没有一颗懂艺术的心——惟有她，格拉齐亚，在克利斯朵夫最没有人理解的时候、最困难的时候帮助了他。她是克利斯朵夫真正的"高山流水"般的知音。"当我每次游览那些栖伏在美景和孤寂的庇荫下、灵魂的所在时，我暗自企望永远留下，再也不要离去。"这就是她。为了这真正的爱情，克利斯朵夫又流泪了。

克利斯朵夫的本质，注定了他和各色人物的关系。而这些关系，又由于克利斯朵夫的眼泪而变得丰富、悲怆和动人。

读着，泪水随情节随人物感情而流泻——这是真正的精神洗礼。约翰·克利斯朵夫不曾离去，一直和我们在一起，正如结尾他对孩子们说的："咱们到了，哎，你多重啊！孩子你究竟是谁?"孩子回答："我是即将来到的日子。"

再生——最先听到的还是哭声，泪水伴随我们一生。

10 | 爱的底色
——谈李烈的《给生命涂上爱的底色》

封面浅灰和浅粉各占一半，粉色中，朦胧显出李老师和学生在一起的画面。封底全是粉色。书名是"给生命涂上爱的底色"。莫非，"爱的底色"就是这淡淡、柔柔、暖暖的粉色？

我常常注意：话不能太多

初见是在十几年前。

吉林市教研室邀请姚尚志和李烈讲学。作为年轻教师代表，我有幸陪专家吃饭——就坐在李烈老师身边。我们的过于热烈，与她的冷静相遇，就好像强大的热流一下子被制冷了，顿时感觉言谈拘谨，心情紧张，我们不知怎么做才合适。那一刻的不自然至今记忆犹新。

今年5月底，包头市教委邀请李烈和我前往讲学。十多年过去了，感觉没什么太大的变化，但却自然和舒展了。晚餐、夜寝、午宴……一切那么和谐，那么舒服。

常在《人民教育》、《中国教育报》上读到她的文字。

"我常常注意：话不能太多……"

就是这句给我留下印象的话，致使如今在我眼中，"冷淡"、"无语"，变成了一种"淡然"。她不像大多数小学教师那样过于外向和活泼，而是不温不火，不急不躁——这叫适度。

课如人。

记得在吉林市，她讲数学"通分"，犹如刀削斧砍一样干净利落——没有几句话，动作幅度几乎没有，就连表情也是平和的，没有半点夸张，没有半点渲染和造作，只有看不见的数学思维和运算在行走着……我呆了。

教学原来可以这么简约！如果老师的话太多，惟恐学生听不明白，说了一遍又一遍，不但抢占了学生的时间，代替了学生的思维，而且使学生懈怠，甚至产生厌烦之感。和学生的交流还有好多方式：一个眼神就是一种提醒，一个动作就是一种命令，一个笑容就是一种肯定……原来如此！

这次在包头的课，又如此润物无声地将教学思想没有痕迹地渗透于课堂。然而看似平静的课堂，里面却是波涛汹涌的思维大海。

"实而不死，活而不乱，易中求深，情理交融"——《给生命涂上爱的底色》中，专家的评价真是恰当不过。

一边听课，一边链接着书中的教学故事——"对学生的40岁负责"、"来自课堂的愉悦"、"言行都是教育"、"亲师才能信道"、"老师被夸是好事"、"巧用学生的话"、"让学生们总结"、"让优等生'吃得饱'，又让'学困生'消化得好"、"'摔倒'的地方恰恰是教学的重点"……一个个信手拈来、既真实又有可读性的案例，就是这位"话不多"的老师用实际行动做出来的。

上课总要努力做到实实在在，又不呆板；力求运用多种教学方法，多种角度思考，同时每个教学环节又十分有序；注意从认知的结构、思维训练、能力培养、情感体验四个方面引导从易到难的探索……

我把这句话打印下来，不仅仅给数学老师看，也要和语文教师探讨：怎样更好地把"说话"的时间腾出来，多给学生留"地儿"。

女人就是女人，永远不要太男性化

这是李老师在中央电视台《正大综艺》做嘉宾时被邀而写的一句话——着实令人吃了一惊。

的确，这绝不是镜头前的作秀，她给自己在生活中的定位就是如此——做一个女人，一个好女人，并期望所爱的男人能够多给一点呵护，给爱的小舟构筑一个遮风避雨的港湾。

爱美、爱生活是女人的天性。她告诉我，自己很喜欢森林的深沉、草地的宁静。书中的插图还真有几幅李老师置身大自然的照片——的确，"自然"最美。封底中掩映在粉色中的李烈也成了粉色。粉色的她，恬静、文雅、安逸，一看就知道是一位有品位的女人。这次亲密接触，更感觉她是一个真实的、可爱的女人。从衣着到发型到化妆品……就连睡衣也是那么有女人味儿。爱打扮的她庄重而不媚俗，时尚而不浮夸。

我见过好多成功的女士，那是用自己作为女人应该享有的时间和条件换来的——疲惫不堪，甚至蓬头垢面；家庭顾不了，丈夫和孩子感受不到妻子的体贴和母亲的爱抚。我也是一个爱美的女人——也许这点和李老师相同吧，所以，我特别喜欢她的这种生命状态。我觉得这才是一个女人真正的生活。因此，女人就是女人，可以具有男人的气魄和胸怀，但绝对不能男人化。

爱美，也爱丈夫和孩子——

> 在生活中，我不仅要做一个有爱心的人，而且要做一个能用爱的眼光选择伴侣的人，并且要在相互激励中享受爱情的温暖和快乐。

丈夫大她 8 岁。在许多场合，只要条件允许，她绝对不掩饰对丈夫的感情和深深的依恋，如在《在情感上作出爱的选择》中毫不掩饰自己对丈夫的爱。我相信，一个值得女人爱的男人一定是优秀的男人。两人曾经在一个单位工作，这就使他自然而然地理解、支持李老师的事业。正如李老师所说，他看似不求上进、外表冷漠却有善良美好的心——曾救过落水的孩子；操场的跑道硬是他用小推车一点一点垫起来的；走在学校楼道，突然停下脚步，走进厕所拧紧水龙头的也是他。

那辆"风雨无阻的'永久'自行车"，把学校和家宅的距离丈量了 3 年。李老师白天听老师的课，做课堂笔记，给孩子讲课，批改作业，还要家访、备课，无论春夏秋冬，每天晚上都忙到很晚，拖着疲惫的身躯离开校园时，都能看到校园那棵最粗的大树下停靠的一辆自行车。这就是丈夫 3 年来坚持不断接她回家的那辆永久牌自行车……

当李老师以一等奖第一名的成绩夺得全国数学教学大赛桂冠，回到北京的时候，一眼便发现站台上的他，手里捧着大捧玫瑰花的他，一只大手把她拥入怀中的他……面对方方面面错综复杂的人和事，有痛苦，有烦恼，有承受不了的时候……那时可以静静听她的苦恼，让她伏在肩上流泪的，还是他，真情永远不变的他！

因《海的沉默》而相识，对于他们，《海的沉默》已不仅仅是书。

> 爱，就要同时爱她（他）的缺点。这样，双方才能
> 在充满宽松气氛的温馨家庭中轻松、愉悦、幸福地生活。

不是吗，我们这些当小学老师的，如果稍微敬业一些的话，丈夫自然就要承担更多的家庭重担。婚姻家庭的爱是我们做好工作的重要保证。读了李老师的话，我明白了：要让自己的丈夫有所成，也要让自己的工作因为有了丈夫的爱更有所成——要爱自己的丈夫，也要爱他的缺点。

当爱情的结晶——他们的儿子来到身边的时候，作为母亲会怎样对待自己的孩子？我想，就没有强调的必要了。正如她所说——

> 一个深爱自己孩子的人，未必是一个对社会富有爱
> 心的人；但一个连自己孩子都不爱的人，就一定是缺少
> 爱心的人。

从父母之恩到夫妻之爱，到亲子之情，爱是一个人生命情愫的自然流淌。如果把生命比成一棵树，那么，来自家庭的浓浓的爱便是滋养李老师生命之树的雨露。由此，李老师事业的阳光因有了雨露的滋润而变得更加柔和温暖。

这才是一个活生生的教师的常态，这才是生命的平衡。试想，一个脱离了家庭、脱离了性别的人，追求的事业之树一定是干枯的、坚硬的，缺乏那种粉色般的柔软与细腻，一定是脆弱的、空洞的，甚至是可怕的。

有话公开说、有话好好讲、没事不乱说

我是一名教学干部，要当好战斗员和教练员，而且评判员、指挥员的"管"与"理"也必然要面对。

说心里话，在我眼里，宁可天天和教材、课堂打交道，也不愿意和人群打交道。有的时候，脑子里光想着把事情做好，没有充分考虑个体的心理复杂性，这就会给你造成许多的麻烦，有时候还让你心里觉得委屈。

每天，我也算废寝忘食地工作、学习。虽工作头绪杂乱但也很投入，不过，最大的问题就是，自己有时候不能很平和地、相对超脱地对待那些困惑，同时又摆脱不了因自己的脾气和心态导致的"计较"或"较真儿"。热情、积极向上的心态经常被"乌云"笼罩。

读罢此书——心头豁然开朗，"疙瘩"也解开了许多。

"以爱育爱"的办学理念——能让人读出一种心态。看来，很多问题来自自己的思维方式。首先自己要心中装满爱。教师不是

神，他们有血有肉，有情有义，有优点有缺点。尽管有些教师是很气人，但仍然要尽可能地理解他们。当然，理解的方法必须像李烈校长一样，即要想取得"当面锣对面鼓"的积极沟通效果，必须以真诚为基础，以正气为旗帜。这份"真诚"就意味着要卸掉防身的"盔甲"，要以柔软真实的血肉之躯去面对一切，包括可能的伤害。"正气"呢，就意味着敢于说"是"，敢于定"非"；敢于认可，更敢于否定；敢于接纳，更敢于拒绝。一句话，还是掌握好一个度。

喜欢她的不卑不亢——

"有话公开说"、"有话好好讲"、"没事不乱说"。

你看，"说"与"不说"是一个度；"说什么"与"为什么说"更是一种适度。你想啊，"好好先生"与"好好干部"必然缺乏责任——这就绝对没有做到真诚，绝对谈不上正气，有的只是虚与委蛇的迁就。而管理者的真诚和正气需要勇气，需要开放的勇气，需要面对的勇气，需要坚持的勇气。书中那个喊着"我要辞职，我不干了"的故事，以及老教师、同龄人的挖苦甚至冷观的态度，让我更深地体会了两个成语的别样含义——"玉树临风"与"临危不惧"。

敬佩她的"适合学说"——

"强调优势、避免不足、以优促短；没有'弱势'的概念，只有'流动'的概念；总结老年、重用中年、培养青年。"那位颇有才气、成绩突出的漂亮教师，在李校长的期待、引导和教育中，个体价值实现，已经很好地把"特性"转变成了建立在"适合"学校整体氛围之上的"个性"。正是这种在职业或位置的基础上的"适合"，让这位教师不再身上长满扎人的刺儿。

欣赏她的"快乐生命学说"——

容言，容人，容事。成功属于那些比他人更快乐、更有效地学习、思考、付诸行动的人——而不是幸福地愚昧着的人抑或满腹牢骚的人。想必，音乐组已经退休的那位男老师的生活一定很快乐。是李校长的"撮合"，让他和同在一个屋檐下的另一位音乐老师"拧"在一个学年。从和好到合作，而不是管理上的简单"躲避"和"回避"——使他们终于做到了快乐地工作、快乐地生活。

称赞她的管理理念——

教学干部，不应该是单纯的管理者的角色，而应该向领导者的角色转变；不是只关心正确做事，更要关注做正确的事；要有明确的目标和清晰的思路，并且要具有促使这一目标转化为全体教职员工共识的能力：

扬人之长，念人之功，谅人之难，帮人之过；

坚持倡导正气，并使之成为学校的文化主流；

面对成绩，一定要做到分享，而非独享；

多一些人文含量高、非规范、无边界的活动；

不优不特不是二小人，不爱不乐不是二小人！

……

静静地坐在书桌前，想想和她生活中的真实接触给我的感性认识，想想在书中间接走进她的理性升华——文与人，人与文，分不清谁是人，谁是文。文就是人，人就是文。宠辱不惊，闲庭信步。

合上书，一股"粉色"的爱的暖流充盈全身，成了一条温暖的河，流向我心的深处。这粉色的河啊，并不湍急也不缓慢，流淌得是那么舒展、适度，熨烫着我的情感，使之冰消雪融。

11 让我飞翔的是书
——关于读书的两点感想

读书，使精神高贵而丰富，亦使生命深刻而阔远；读书，让我们在有限的从教时间内，实现自身的无限。因而，读书，是我心灵的振翅；读书，是我精神的呼吸。然而读书需要凝神静气、沉思默想、反观回味——可是，谁能保证我阅读的时间？谁能给我飞翔的空间？

光合作用在哪？

我认为——读书，恰如进行光合作用。在与书籍进行心灵对晤时，温煦的阳光普照着真实的自我，让生命得以健康而愉悦地成长。阅读的阳光，照耀着生命的伸展，如迷途的携手或孤寂的摆脱，你的心随着作者的描述，时而像年轻恋人焦撩着爱的期待；时而像一个囚徒觉醒后的改过自新；有时仿佛明晰了上帝的恩赐却无奈于现状，痛并镇静着……种种滋味过后，愤世嫉俗终将追随审美的逻辑去舒展、成长。

然而，感叹之余，阳光对我们来说黯淡了。层层云朵似乎并不想成为蓝蓝天空的点缀，而汇聚成幽暗的阴霾——我们的"日照"时间是如此严重不足。因为工作的压力、家长的压力、学生的压力、家庭的压力……还有各种名目的培训——属于我们读书的时间几乎没有。

　　谁动了我们的"奶酪"？

　　赴日参观，见闻、感慨颇多。日本潮平中学的副校长的陈述引人深思——设立一个教育中心作为教师锻造的基地，无费用安排、整体统筹，让教师安心、有重点地进行培训。那的的确确是在"炼钢"。

　　从时间、效率、敬业的水准诸方面看，日本教师的负担都比我们重。不过，在日本，学校迎接各项检查的项目却很少。学校工作由上级教育委员会（相当于中国的督导）两年进行一次检查。一年当中，学校只将汇报材料上交教委。至于卫生、防火等设施，也是由教育局委派相关部门进行评估验收的。

　　而我们呢，培训要花钱不说，"抓"我们的部门可谓"琳琅满目"：教研室、培训处、教科所、教育学会、电教中心……教师今天到这个部门听报告，明天到那个单位接受考核，犹如四处狂舞的浪蝶，片刻也不能停歇。劳"师"伤财啊。其实，好教师怎能这样成长？怎能靠检查、评比造就？当今教师如此辛苦，他们自由发展的空间在哪里？各种培训已把时间剥夺殆尽，成天忙着读人家的"书"，自己的"书"却没有机会读，这势必导致"肤浅后遗症"——营养不良、缺钙的教师怎么面对灿烂的学生？

　　我们不是不懂——与其忙忙碌碌，不如围绕自己的特色钻研下去，深化、细化、创造属于自己的心灵财富，在浮躁的现实中寻到一份属于自己的宁静心境，并置身其中，朝着理想的目标默默地努力，静静地成长——可是，谁又能给我们空间？

日本校长的负担，是研究学校的办学思想；日本教师的负担，是提高自己的教学质量，让家长满意、学生喜欢。对比中日教师，负担都重。只是，我们疲于奔命所承担的那些究竟是什么呢？没有书本的"光合作用"，我们的生命必将随着岁月的流逝而枯槁。我担心，当我们逐渐失掉了原本的春意与新鲜后，教育的生命在何方？

化学反应有吗？

个人还以为——读书，也是一种化学反应。"你怎么总是如此精神？"老师常问我。于是，我便骄傲地介绍起自己的美容经验——读书。读书虽不能改变人生的物象，但可以改变人生的气象。

"光合作用"后，人自然要成长。虽然生命肌体的成长，会催发脸上的皱纹，但是随着读书渐入佳境，自己却变得睿智、豁达、优雅而美丽。如果说，多年前的我，拥有的是外表的美丽。那么，现在的我，有一点气质的魅力了。想想黄山谷说得真对："三日不读书，则语言无味，面目可憎。"

其实，外在的形貌基于遗传，是难于改变的，但人的精神却可因读书而蓬勃葱茏、气象万千。你尽可以与作者、与书中的人物灵魂互动，心灵显现。你会和楚雁潮一起痛苦于失去韩新月；你会体会到许三观"来盘炒猪肝，二两黄酒，温一下"的悲凉的惬意；你敢和昆德拉对话，讨论什么是媚俗……你感受到的是那些文字在你心灵的映像，这映像因你的内心气象而变幻无穷。

所以我经常说，读书是最高档的营养品、最名牌的抗衰老剂。就像女人护理自己的容颜一样，珍贵的文字饮食，修缮了灵魂，使心灵日益变得强壮，不再缺钙、不再孤独和软弱。一个人，只有在读书中才能体验生命的滋味。在读书中身体自然得到运动，大脑自然得到运转，心灵自然被酬劳。

我每晚坐拥书城，甚至将所有的课余时间都用来读书和记录。每每读书至深夜，甚至凌晨，彼时我总感觉自己生命的花朵在黑夜中尽情地舒展绽放。第二天仍然照常上班。不过，我要说，做小学工作的，白天的忙碌可想而知，因而现在，尽管我自觉年轻，但也快到不惑之年，常常彷徨、担心自己是否在"拿青春赌明天"。我在想，如果进入知天命或者耳顺阶段，我是否还有如此体力和精力读书？

非如此不可？非如此不可！不这样做，还有谁可以给我读书的时间？

曾经读过这样一封一位年轻的女教师描述自己一天生活的信：早晨天还没有亮就骑自行车带着孩子去幼儿园，早饭没来得及吃，就又得乘汽车在 7 点钟匆匆来到学校给孩子上早自习；上课讲，下课改，中午管理学生吃饭，下午继续上课，放学打扫卫生——直到天黑；又来到幼儿园接孩子；买菜，做饭，洗衣服，给孩子洗澡——躺在床上再备课。一天忙碌了将近 18 个小时，才躺下……

读着读着，眼泪潸潸。作为小学女教师，对人家的孩子要付出爱，但自己的孩子也要爱。丈夫呢，家庭呢？也要爱。然则我们什么时候来爱自己一回呢？——只有读书的时候。有时我在想，自己取得一点业务上的成功，那也是归功于自己的女儿比较省心，省去了我辅导她陪伴她的时间；也是归功于丈夫家务分担得多，才让我有更多的时间工作和读书啊。

我的书友薛瑞萍说，教育是一个容易让人心灵结茧和蒙尘的职业，所以，我经常跟着她借狄金森的诗取暖、保湿——"跳着舞过黯淡的日子，让我飞翔的是一本书。"

什么时候可以挣开脚上的镣铐，甩掉肩上的重负——让我自由翱翔，并带学生同飞？我发出呐喊，这声音在空气中像一声叹息，渐渐归为沉寂……

图书在版编目（CIP）数据

玫瑰与教育/窦桂梅著. —上海：华东师范大学出版社，2005.11
ISBN 978 – 7 – 5617 – 4523 – 6

Ⅰ. 玫... Ⅱ. 窦... Ⅲ. 教育学—文集 Ⅳ. G40 – 53

中国版本图书馆 CIP 数据核字（2005）第136663号

大夏书系·教育随笔（第二辑）

玫瑰与教育

著　　者	窦桂梅
策划编辑	吴法源
文字编辑	李永梅　张万珠
封面设计	大象设计工作室
责任印制	殷艳红

出版发行	华东师范大学出版社
社　　址	上海市中山北路3663号　邮编200062
电　　话	021 – 62450163 转各部　行政传真 021 – 62572105
网　　址	www. ecnupress. com. cn　www. hdsdbook. com. cn
市 场 部	传真 021 – 62860410　021 – 62602316
邮购零售	电话 021 – 62869887　021 – 54340188

印 刷 者	北京密兴印刷有限公司
开　　本	890×1240　32 开
印　　张	7.5
字　　数	165 千字
版　　次	2006 年 2 月第一版
印　　次	2024 年 3 月第二十五次
印　　数	74 501 – 75 500
书　　号	ISBN 978 – 7 – 5617 – 4523 – 6/G · 2633
定　　价	32.00 元

出 版 人	朱杰人

（如发现本版图书有印订质量问题，请寄回本社市场部调换或电话021 – 62865537 联系）